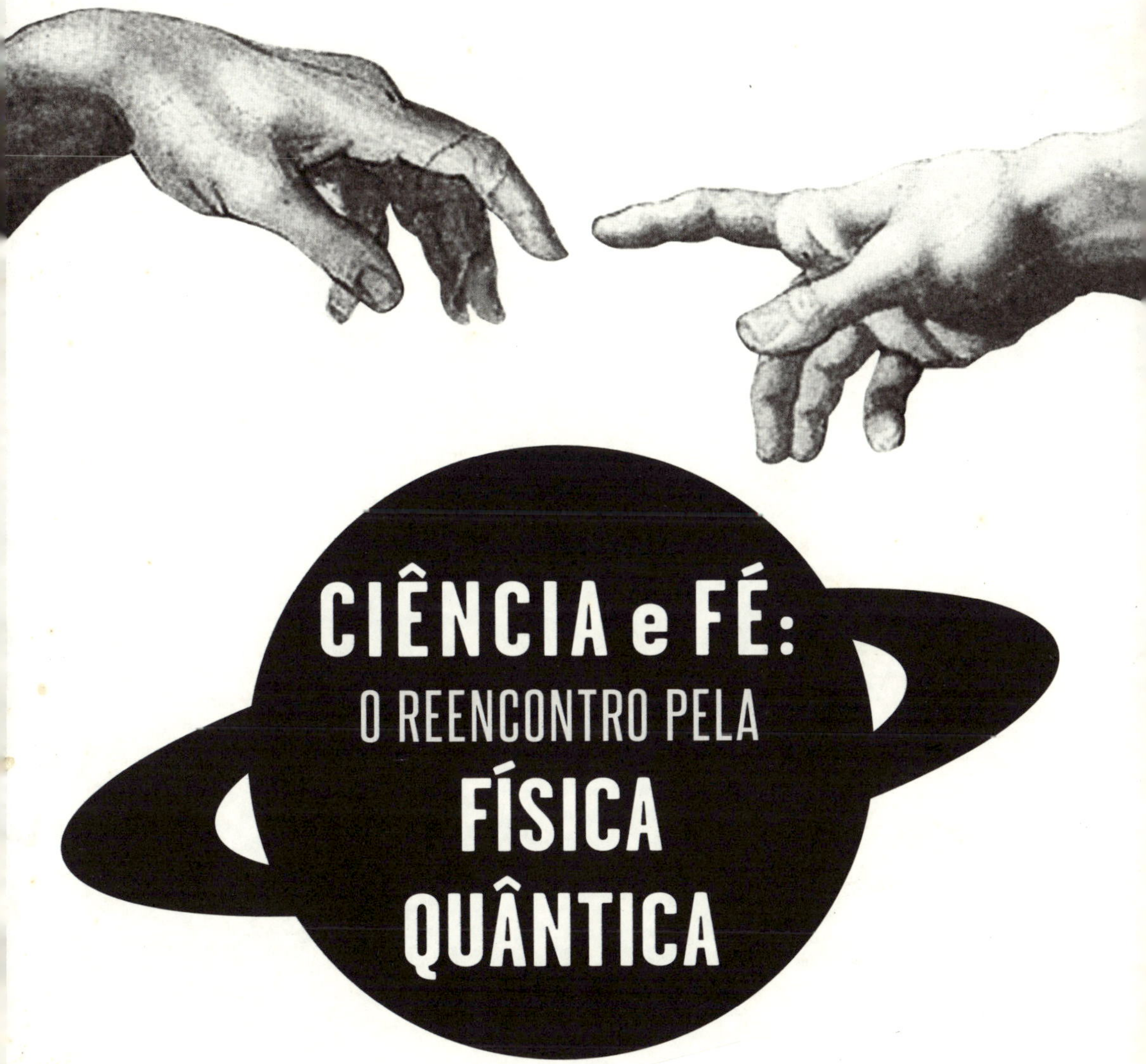

CIÊNCIA e FÉ:
O REENCONTRO PELA
FÍSICA QUÂNTICA

BISPO
RODOVALHO

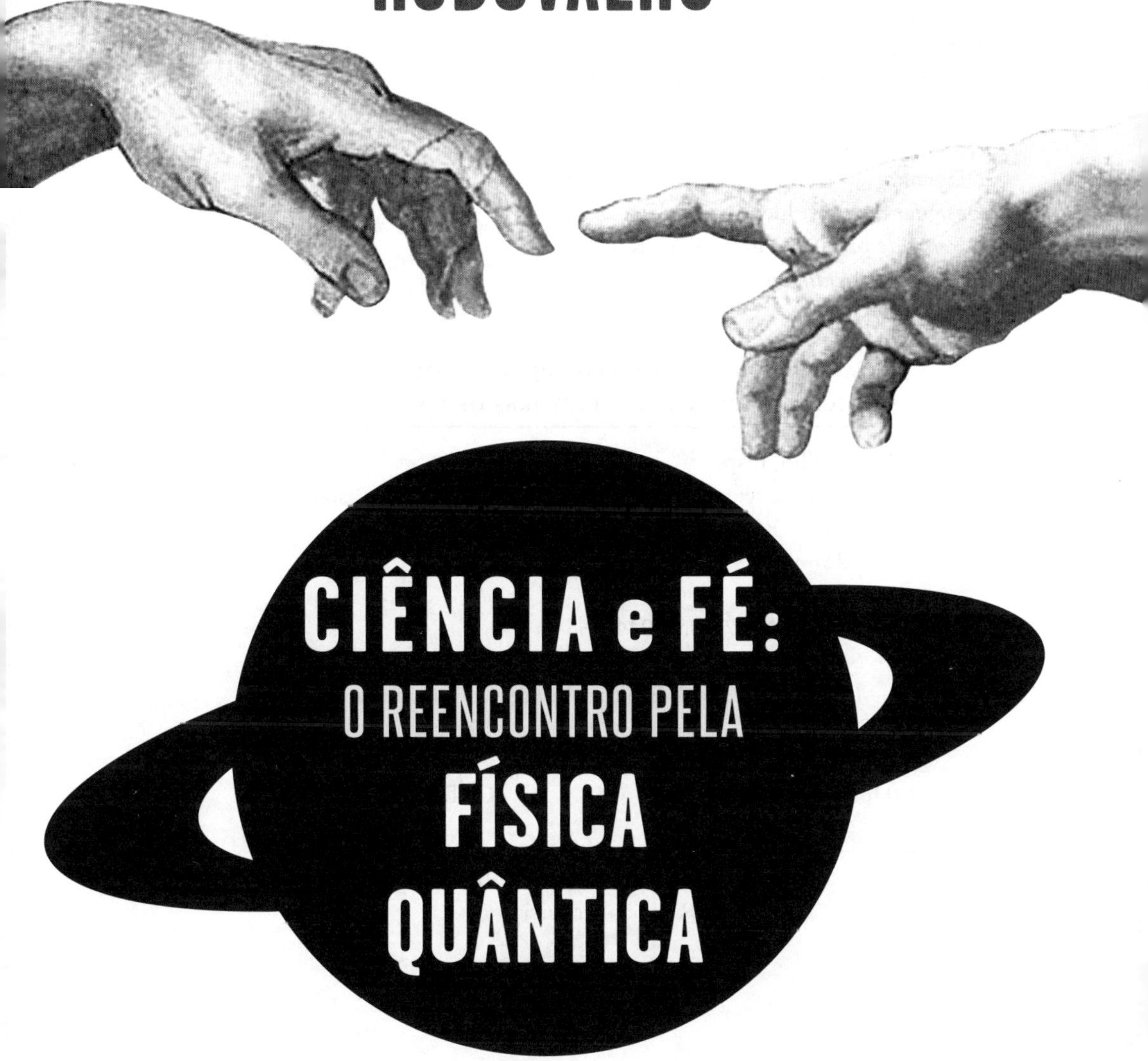

CIÊNCIA e FÉ: O REENCONTRO PELA FÍSICA QUÂNTICA

lua de papel

Diretor editorial: Pascoal Soto
Editora executiva: Maria João Costa
Editora assistente: Denise Schittine
Assessora editorial: Raquel Maldonado
Preparação de texto: Beatriz Sarlo
Revisão: Breno Barreto
Diagramação: Abreu's System
Designer de capa: Ideias com peso
Diretor de produção gráfica: Marcos Rocha
Gerente de produção gráfica: Fábio Menezes

CIP-BRASIL. CATALOGAÇÃO-NA-FONTE
SINDICATO NACIONAL DOS EDITORES DE LIVROS, RJ

Rodovalho, Bispo
Ciência e fé: o reencontro pela física quântica / Bispo Rodovalho. – Rio de Janeiro: Leya, 2013.
256 p.

ISBN 978-85-8044-665-4

1. Religião 2. Fé 3. Espititualidade 4. Física quântica I. Título.

13-0365. CDD: 215

Índices para catálogo sistemático
1. Religião e ciência

2013

TEXTO EDITORES LTDA.
[Uma editora do Grupo Leya]
Rua Desembargador Paulo Passaláqua, 86
01248-010 – Pacaembu – São Paulo – SP – Brasil
www.leya.com.br

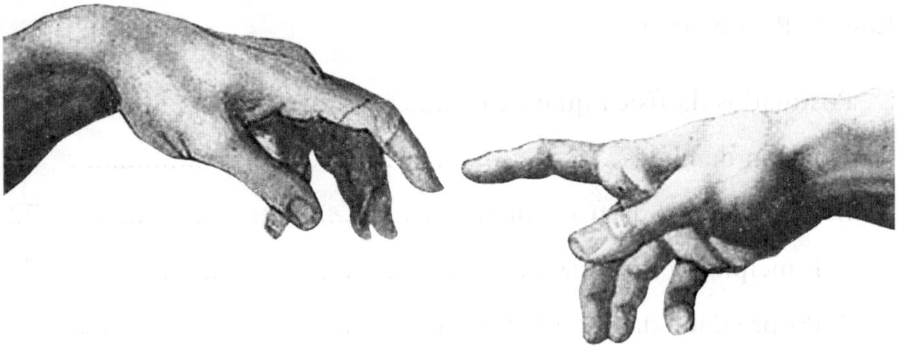

SUMÁRIO

Parte II

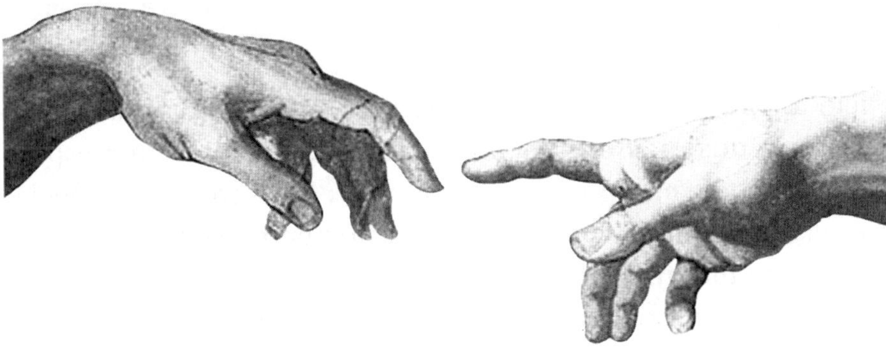

PREFÁCIO I

O primeiro compromisso dos seres vivos é com a preservação da espécie. É como a água: por mais que se criem barreiras, ela encontra uma saída e segue seu caminho. O ser humano não foge à regra, e mais: tem compromisso não só com a preservação, mas também com a evolução de sua espécie. E este processo depende, inevitavelmente, da educação, o elo da corrente que une o conhecimento de gerações. Essa corrente só será forte se a evolução (melhoria) das propostas para o entendimento da engrenagem do Universo seguir seu curso natural. Benditos aqueles que colocam esse dever para com a espécie humana acima de suas vaidades, mesmo que corram o risco de ver abalado seu prestígio pessoal, conquistado a duras penas. Bem-aventurados esses guerreiros destemidos que entendem sua pequenez frente à natureza, já que esta é em si o maior dos milagres.

Nenhuma das propostas da física (clássica, quântica, relativística) deu a palavra final, "a equação única do Universo". Porém, em todas há um "lampejo" ou parte da verdade absoluta. E esses pequenos fragmentos podem ser usados para se explicar o que se acreditava poder ocorrer como fruto da fé. Assim, tem início a solução da polêmica: "Desprezem a fé, pois ela não se baseia em qualquer argumento racional"; "Desprezem a espiritualidade, pois não pode ser detectada"; "Desprezem a ciência, pois ela não consegue explicar um fenômeno vivenciado". Veja o caso das muralhas de Jericó: não foram as trombetas, mas o fenômeno da ressonância de ondas, no caso, a onda sonora, que derrubou as muralhas.

Acredito que há um engano ao se pensar que um fenômeno pode ocorrer fora das leis da natureza, como uma exceção momentânea. *A natureza é em si o maior dos milagres, suas regras são seguidas inevitavelmente, sem exceção, tamanha sua perfeição.* O que ocorre é que não conhecemos todas as suas leis. Por outro lado, não faz sentido crermos que, se não detectamos algo, isso não existe. Lembremos que o que acreditávamos ser a verdade absoluta já se mostrou limitado a condições específicas. Podemos citar várias: a física clássica, limitada a observadores inerciais (observadores não acelerados), baixas velocidades, grandes dimensões; a física quântica, limitada operacionalmente a pequenas dimensões e a um elétron e um próton; e a relatividade, onde temos a restrita e a geral, para citarmos somente os pilares fundamentais da física. A meu ver, o que temos que abandonar é a *arrogância* – sou o único e privilegiado porta-voz e tenho uma procuração de Deus ou não acredito em Deus, pois sou um ser superior a tudo, onisciente, onipotente, onipresente, ou seja, eu sou o próprio Deus. Não é acreditando em Deus, na fé e espiritualidade que seremos Newton, Kepler, Galileu ou Einstein. Não é desacreditando em Deus que nos tornaremos um Karl Marx (preocupado com as tragédias e o direito de igualdade dos seres humanos devido ao acúmulo de riquezas por poucos) ou um Oscar Niemayer, que acreditava que "a vida é um sopro" e não devemos desperdiçá-la com atitudes miúdas e que, mesmo não acreditando, teve a humildade de construir o mais belo templo de adoração a Deus. "Estranhos são os caminhos que nos levam ao Senhor."

Peço desculpa se a mania de professor me levou a tentar tornar mais explicativo o que podemos resumir com as citações:

"Há mais mistério entre o céu e a terra do que sonha nossa vã filosofia." *Hamlet*, de William Shakespeare.

"Sustento que o sentimento religioso cósmico é o mais forte e o mais nobre incitamento à pesquisa científica." Albert Einstein.

"Os milagres não acontecem em contradição com a natureza, mas apenas em contradição com o que conhecemos da natureza." Santo Agostinho.

Uma obra como a proposta pelo bispo professor Robson Rodovalho é digna de todo elogio, pois, independentemente de tudo, carrega a missão fundamental de instigar a reflexão, peça indispensável na procura pela verdade, já que o dínamo aristotélico das repostas são perguntas.

Agradeço a oportunidade de, ao prefaciar esta obra, poder transmitir as conclusões que a vida teve a benevolência de permitir que eu tocasse e, desta forma, contribuir para instigar o caminhar ao encontro da Visão Divina do Universo que saciará nossa fome e sede de entender, sem nenhuma névoa, o milagre chamado natureza. Creio que, quando isso ocorrer, o entendimento será selado, ficará claro que a fé nada mais é que o guia, o instinto indispensável a qualquer caçador, mesmo quando a caça é conhecimento e a ciência, a fonte das explicações que tanto sonhamos.

Que a força, a energia e, principalmente, a paz estejam contigo.

Clodoaldo Rodrigues

Mestre em relatividade, doutor em física do estado sólido (interação de radiação eletromagnética com nanoestruturas)

Universidade de Brasília-UnB

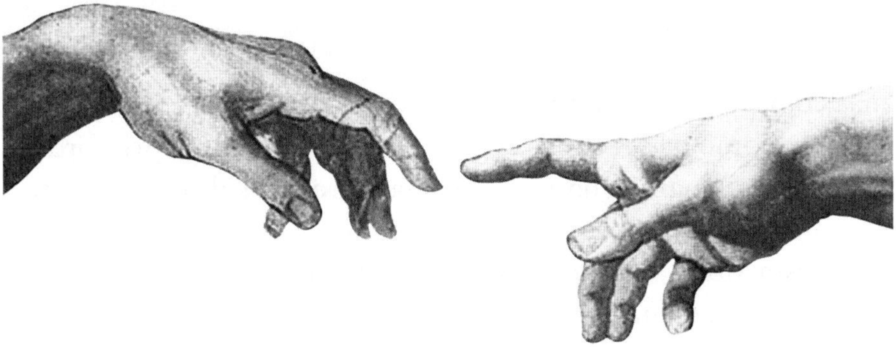

PREFÁCIO II

O livro *Ciência e fé: o reencontro pela física quântica* é uma obra essencialmente nova na literatura brasileira porque apresenta uma discussão diferenciada sobre a compreensão do Universo, a partir de uma convergência entre verdades científicas baseadas em postulados e experimentos da mecânica quântica e suas consequências relacionadas à espiritualidade.

A humanidade chega às portas do presente século com um avanço científico e tecnológico considerável e com a esperança de que possa viver de forma tranquila e despreocupada com relação às indagações do espírito humano. Mas a história já mostrou, não é verdade, porque, nas questões da espiritualidade que isso ainda há conflitos intensos no interior do homem aos quais a ciência clássica ocidental não consegue dar uma resposta satisfatória.

O prestígio da ciência, podemos dizer, é incontestável; contudo, ainda perdura a necessidade de uma reflexão mais completa e profunda sobre o ser humano como um ser que orbita nos mundos da fenomenologia não só natural, mas também sobrenatural. Neste ambiente, a fé surge, envolvendo todo o ser humano, pois ela é certeza existencial, não só razão e sentimentos, mas comprovada pelo testemunho de vida. A fé e a espiritualidade, bem como as verdades científicas, são elementos primordiais e necessários para uma reflexão mais precisa sobre a existência humana, o Universo e os seus propósitos.

Nesta obra, o autor, como um visionário, com maestria e argumentos persuasivos, encontra o caminho do "andar junto" entre a fé e a ciência em uma proposta inovadora. Ao longo do texto, caracteriza-se a evolução da ciência paralelamente à perda do seu paradigma mecanicista, buscando a compreensão de fenômenos desafiadores regidos pela física moderna.

Uma crítica responsável e honesta ao papel da Igreja ao longo da história é realizada, com respeito aos pecados cometidos por ela contra os ensinamentos de Jesus Cristo e contra o desenvolvimento da ciência durante séculos. A espiritualidade é vista derivada de certos postulados e experimentos da física moderna, particularmente, da mecânica quântica, cujos resultados apontam para a desmistificação do materialismo científico clássico.

A obra apresenta diversas contribuições de cientistas renomados, discutindo seus experimentos e interpretações e os seus resultados em favor de uma visão espiritualista (holística) do Universo. Muitas interpretações intrigantes são discutidas, levando a questionamentos sobre a virtualidade da realidade, por exemplo, e sobre a necessidade de um observador inteligente, consciente, como condição de existência para a realidade. Surgem também inferências importantes sobre a espiritualidade e sobre o que a define.

Ciência e fé: o reencontro pela física quântica mostra as interpretações das principais escolas científicas para as propriedades da mecânica quântica e suas consequências para a realidade extrassensorial mais completa que incorpora a espiritualidade do e no Universo.

No final, conclui-se que o pensamento transcendental é parte intrínseca da vida e da natureza do homem e do Universo. Além disso, para que haja uma compreensão mais precisa da realidade do Universo, é necessário incluir a fé e a espiritualidade como componentes essenciais. Daí a carência de uma teoria capaz de explicar a complexidade do Universo, devido às fronteiras de incertezas científicas e teológicas clássicas.

Dessa forma, o autor desta obra dá uma contribuição genuína à discussão da espiritualidade e da fé, a partir de uma interpretação científica sobre o mundo espiritual paralelo, com o qual o homem pode interagir e, assim, compreender melhor o propósito da sua existência e da do Universo. Como físico e cristão, Robson Rodovalho encontra harmonia e convergência entre as linguagens da fé e da ciência, objetivando despertar a capacidade de percepção integral sobre a existência do homem.

Para mim, constitui-se uma honra prefaciar esta obra, que acredito ser a primeira de uma sequência importante sobre este tema a trazer transformações consideráveis na forma de ver a vida pelos olhos da ciência e da fé. É possível que você não seja mais a mesma pessoa depois de ler este livro. Espero que assim seja.

O bispo Robson Rodovalho argumenta que a verdadeira ciência pode andar de mãos dadas com a fé genuína e a espiritualidade. Eu também.

Dr. Antônio Delson C. de Jesus
Universidade Estadual de Feira de Santana – UEFS

O tema ciência e fé sempre foi, historicamente, um tema de debate e controvérsia. No entanto, Robson Rodovalho trouxe uma grande solução para este debate usando uma combinação perfeita, sua experiência como cientista e físico e a sua fé e experiências espirituais. Esta é uma leitura obrigatória para todos.

Pepe Ramnath, PhD

Dove Environmental Labs, Miami, Flórida

Ciência e fé: o reencontro pela Física Quântica é um trabalho visionário de revelação divina do professor Bispo Robson Rodovalho. Através da sua leitura, podemos compreender com clareza a fronteira tênue que existe entre a ciência, a fé e a espiritualidade. O que sempre ouvimos falar nas várias religiões do mundo, tem comprovação científica, e há mais de 2000 anos que é claramente explicado através da Palavra do nosso Deus. A física quântica revela um mundo bem diferente daquele que percebemos dia a dia, um mundo que não se apoia em nosso senso comum, mas que, paradoxalmente, encontra profundas ressonâncias em nossa espiritualidade.

Pedro Pinto Vasco

Empresário e consultor, investigador e professor universitário de Bioquímica e Química Alimentar da Universidade de Aveiro (Portugal).

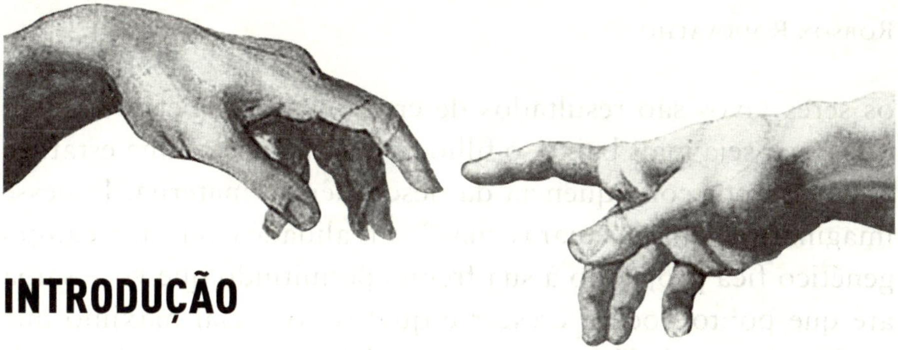

INTRODUÇÃO

Física quântica e Deus

Eu gostaria de propor a você um exercício de imaginação. Pense num lugar em que a vida fosse diferente de tudo que você possa conhecer. Um lugar como o da história de *Alice no país das maravilhas*. Você consegue imaginar esse lugar, no qual uma pessoa poderia estar em "dois lugares" ao mesmo tempo? Para onde você viajaria? Antes de chegar ao seu destino, você teria a possibilidade de escolher outro caminho, saindo da mesma origem em que você estava? Nesse "lugar", você poderia retroceder no tempo e para consertar as decisões erradas que, por acaso, você tivesse tomado.

Isso não seria fantástico?

Você consegue imaginar um lugar onde todas as plantas e os seres vivos são programados tendo em vista uma matriz adulta perfeita, permitindo que você saiba para onde está indo e qual potencial irá atingir?

Em nosso Universo, o crescimento dos seres vivos se dá pelo potencial genético determinado. Sabemos por referência quem são nossos progenitores e, consequentemente, até onde poderemos chegar projetando-nos neles. Mas, como normalmente os seres vivos são resultados de cruzamentos genéticos, ainda que o pai seja mais baixo, o filho poderá alcançar uma estatura mais alta por consequência da descendência materna. Já nesse imaginário "país das maravilhas", a realidade é outra: o campo genético fica projetado à sua frente, permitindo que você saiba até que ponto poderá crescer e qual o potencial máximo que você pode atingir. Tal característica, é claro, facilita o desenvolvimento e até mesmo a correção das possíveis imperfeições que traríamos.

Você consegue imaginar um país sem notícias negativas, sem o veneno proveniente das fofocas e inveja? Você pode imaginar ainda um mundo onde as pessoas não se expõem às más notícias que as levam a depressões e destruições? Isso porque elas são conscientes de que essa energia negativa prejudica não apenas "os outros", mas também a elas mesmas – e, por fim, o Universo por inteiro. É preciso ter consciência de que todas as emoções produzem consequências tanto para o bem quanto para o mal. E é por isto que sons, imagens e notícias precisam ser filtrados. Experiências com o DNA humano mostraram que, mesmo separadas de seu doador por dezenas de quilômetros, as pessoas reagem e se alteram exatamente como seu doador reagiria ao ser exposto àquelas emoções semelhantes.

Pense também num mundo sem essa energia negativa, sem essa poluição emocional. Um local no qual a natureza responde intrínseca e diretamente às palavras, aos atos e às ações dos seres vivos. E onde, consequentemente, essa natureza age, reage e interage com o ser vivo como uma extensão de si.

Você pode estar imaginando que estamos falando de ficção – ou que a idealização desse lugar se refere ao Jardim do Éden perdido. A grande descoberta que você fará nas próximas páginas deste livro é que esse "lugar" está bem ali: trata-se do universo imperceptível que está ao nosso redor, silenciosamente. Um universo que interage conosco de forma pacífica e paciente, aguardando a humanidade perceber a sua existência e verdadeira dimensão. Esse "lugar" é nada mais, nada menos, que o mundo invisível aos nossos olhos, o vazio que nos rodeia ou o mundo do aparente "nada". O mundo que nos hospeda, o qual habitamos e de onde tiramos nossa energia e nossa força.

Nas próximas páginas, você vai encontrar o desdobramento de todas as teses que foram aqui mencionadas. E vai poder confirmar que todas elas são verdadeiras.

Vivemos em um mundo dividido em pelo menos três realidades: o mundo de nossa convivência, que é o da dimensão da vida e da existência humana; o macrocósmico, que é o mundo das galáxias, dos planetas e das grandes dimensões; e ainda o microcósmico, mundo atômico e subatômico, das pequenas e ínfimas dimensões, que se somam, contribuindo para a formação dos demais mundos citados.

A realidade não é apenas a que enxergamos, apalpamos, sentimos ou na qual convivemos. Ela é muito maior, mais complexa e misteriosa do que podemos imaginar ou perceber visivelmente ou através de aparelhos.

Em busca de respostas sobre a origem da vida e da data de sua criação, a física quântica, recentemente, conseguiu penetrar este mundo do micro e do macrocosmo, por meio de experimentos e de equipamentos avançados. A ciência busca saber por que estamos aqui e para onde vamos, e essa busca incessante tem norteado a maioria dos estudos científicos e, consequentemente, suas descobertas. Essa busca é o ponto central que resultou em muitas teorias, que acabaram contribuindo para o mais alto nível de qualidade da vida da história humana.

Amigo leitor, você poderá vislumbrar um mundo que talvez nunca imaginasse existir.

As pessoas que acreditam "na fé e na espiritualidade" perceberão em complemento que o estudo apresentado aqui é uma confirmação da realidade na qual acreditam e convivem há muito – mas que, até agora, era baseada apenas no subjetivismo espiritual e hipóteses, e não em conhecimento científico. Para aqueles que são "da ciência" e que estão chegando a essas conclusões somente agora, essas descobertas têm trazido uma nova percepção e até mesmo um "grande golpe" em suas "certezas" científicas e materialistas – pois a ciência tem sido confrontada com a possibilidade da existência de um tipo de realidade com a qual ela não estava preparada para lidar e que extrapola muito o determinismo materialista que até então se implantou em nossa civilização.

Ao ler cada um dos capítulos e cada um dos ensaios e das experiências a seguir, você vai mergulhar em um mundo inimaginável. E vai descobrir que a vida humana, com toda sua beleza e complexidade, vai além da imaginação de senso comum do homem normal. E vai perceber que muito do que pensávamos ser ficção é, comprovadamente, apenas a ponta de um grande iceberg – de realidades até então invisíveis e imperceptíveis, mas reais e ativas, que nos assistem e nos acompanham, silenciosamente.

Você vai descobrir toda a caminhada e trajetória tanto da fé e da espiritualidade quanto da ciência e como elas se desenvolveram nas últimas décadas.

Amigo leitor, nosso desejo é que você vislumbre um mundo bem maior, mais misterioso e maravilhoso do que você até então podia imaginar. Perceba que no silêncio e na quietude o universo nos acompanha e nos observa. Descubra que ele é vivo e ativo e que possui a capacidade intrínseca de relacionamento e de reação com a natureza que se aninha em seu seio.

Para mim, que sou cristão, que tramito no mundo da fé e que tive o privilégio de estudar física, é fantástico perceber a dimensão destes dois mundos. O mundo da ciência, baseado em experimentos, em asserções científicas; e o mundo da fé e da espiritualidade, baseado em toda uma sabedoria milenar e uma contribuição inegável à humanidade.

Neste livro, você terá a possibilidade de perceber que as duas propostas confluem, se alinham, se somam e não competem e nem se anulam.

O objetivo deste livro é mostrar que a verdadeira e real ciência pode andar de mãos dadas com a verdadeira fé e espiritualidade. Que elas não entram em conflito, a não ser na arrogância de seus defensores mais exaltados.

Acredito que, em busca de respostas às grandes perguntas da nossa existência, precisamos nos abrir para os novos conhecimentos e pesquisas, pois a humildade precede a sabedoria, e a sabedoria precede o conhecimento. Não existe conhecimento sem pesquisa, e não existe pesquisa sem curiosidade. A humildade é a mãe da curiosidade. Ela é a capacidade de considerar que o depósito de conhecimento e da compreensão atual é importante, mas não suficiente para agregar novos capítulos à nossa história e à humanidade. Graças a uma investigação contínua, chegamos até aqui. Nosso desejo é que possamos avançar, pois há muito ainda a se descobrir, há muito que se alcançar.

Tenho pensado neste livro há bastante tempo, pois via a necessidade de um compêndio organizado e sistematizado sobre o qual pudéssemos refletir sobre a ciência e sua evolução, desde antes de Platão e dos primeiros filósofos que trabalhavam a teoria atômica (como Leucipo e Demócrito) até os mais recentes físicos que têm se desdobrado sobre as teorias da física quântica e cosmologia em busca de uma teoria capaz de explicar o mistério da vida e do Universo.

Meu desejo é que você, meu amigo, possa penetrar nesse mundo maravilhoso das recentes descobertas da física quântica e ver que ela não se desalinha da propositura da fé e da espiritualidade. Ao contrário, elas se somam e se explicam. Em alguns momentos, elas estão falando a mesma verdade, apenas em idiomas diferentes. Que tenhamos a capacidade de discernir tais idiomas, de ouvir tais alegações, interpretá-las e compreendê-las.

Este livro contém citações dos mais diversos cientistas a respeito de Deus, da fé, da espiritualidade, do misticismo e até da interpretação de textos bíblicos e demais temas religiosos – citações estas que não refletem necessariamente a opinião do autor. Como este é primordialmente um livro científico, todas as abordagens devem ser encaradas como posições científicas, teológicas ou bíblicas provenientes de seus próprios autores. Até porque, como teólogo cristão, minha posição teológica se distancia muito de quase todos os especialistas citados aqui.

As posições de cientistas como Amit Goswami – físico hinduísta que por mais de três décadas foi professor titular de física teórica da Universidade de Oregon e que inclusive acredita na reencarnação. Ou as posições de Danah Zohar e outros, sem posicionamento religioso algum, que são relevantes contribuições para a espiritualização da ciência. Porém, ao citá-los ou abordá-los, precisamos ter a obrigação científica de separar seus posicionamentos religiosos dos postulados científicos que defendem – exatamente como fazíamos ao depararmos com competentes professores e mestres cientistas com posicionamentos religiosos diferentes dos nossos em nossos anos acadêmicos.

Todos os nomes aqui pesquisados e incluídos de alguma forma contribuíram para transpor a barreira da ciência materialista em busca da espiritualização da existência sem preconceitos. Isto é o que há de mais importante em todo este ensaio.

É interessante como nos acostumamos a ouvir apenas as vozes de um mundo material, que normalmente está "fora de nós".

É um mundo de "coisas", de desertos de sentido e propósito. Mas precisamos aprender a ouvir também a voz de nosso coração. E, melhor do que tudo, harmonizá-la a nossa razão.

Há uma exortação fantástica no livro de Jó, capítulo 12, versículos 7 a 9, que diz: "Pergunte aos animais, e eles te ensinarão, e às aves dos céus, e elas te farão saber, ou fala com a Terra, e ela te ensinará, e até os peixes do mar te declararão."

O verso das Escrituras Sagradas supracitado reforça o que o Salmo 19:1 diz: "Os céus proclamam a glória de Deus, e o firmamento anuncia as obras de suas mãos." Ou seja, a natureza tem, sim, muito a nos ensinar.

Como escrevi no meu livro *A Energia da Vida* (Sara Brasil Edições, 2012), aprendi bem cedo a ouvir o som do silêncio, nos meses de solidão que passava na lida com a natureza na fazenda de meu pai. Todos os anos, durante o período de férias escolares, eu ficava no ambiente da fazenda. E ali aprendi a observar o Cruzeiro do Sul, as Três Marias, estrelas que se espalham no céu. Percebi pelo canto das cigarras que as chuvas estavam sendo anunciadas e aguardadas por toda a natureza. E também aprendi a acompanhar a migração dos milhares de pássaros que cruzavam os céus, fugindo do início do inverno, todos os anos.

Isso tudo aconteceu antes mesmo de eu ter uma experiência sobrenatural que impactou minha vida e que me trouxe para uma percepção além da materialidade. Nela, a majestade e a imponência do Universo alcançaram uma grandeza em sua voz e sua capacidade de nos ensinar solenemente.

Após um período de conflito em minha vida, causado por problemas familiares, como o distanciamento de meu pai, envolvimento com bebidas etc., finalmente fui a um retiro espiritual, onde, após uma ministração, sentado à beira de uma fogueira, na solidão de uma noite, algo "sobrenatural" me envolveu. Foram horas e horas imerso naquele ambiente, onde ouvi uma voz de outro mundo, e eu sabia que era a voz de Jesus Cristo, e isso me levou à absoluta certeza de que existe um mundo além da vida material que nos rodeia.

Anos depois, descobri, nas palavras de Paul Davies, professor de filosofia natural no Centro Australiano de Astrobiologia na Universidade de Macquirie, em Sidney, doutor pela Universidade de Londres e autor do livro *A mente de Deus* (Ediouro, 1994), que "quase todos os cientistas nutrem um respeito e quase uma veneração pelo mistério deste assombroso Universo" – a começar pelo mundo manifesto pela natureza próxima a nós, que nos envolve como um cobertor de energia e fótons que nos traspassam incessantemente.

Na verdade, esta vida tão estressante e tão imersa nos problemas do dia a dia acaba nos arrastando como uma torrente, e tentamos sobreviver. Mas essa vida é mais fugaz e sutil do que parece.

Na luta pela sobrevivência, estabelecemos algumas certezas – como, por exemplo, "todos os dias o Sol vai nascer"; "o céu será sempre azul em dias claros"; "o Sol estará sempre disponível a emitir seus raios e nos aquecer". Mas estes postulados tão absolutos podem não ter toda essa onipotência imaginada por nós. Contudo, quando examinadas do ponto de vista científico, todas estas realidades inquestionáveis não se tornam tão reais assim.

O azul do céu, por exemplo, é apenas uma percepção da refração dos raios solares em nossos olhos. A difusão da luz acontece devido às partículas que formam o ar. Cada cor que forma a luz do Sol se espalhará de acordo com seu comprimento de onda. A azul tem menor comprimento e isto faz com que ela fique mais visível. No final da tarde, a luz do Sol incide obliquamente e força os raios a fazerem um caminho mais longo. Este fato seleciona a luz vermelha, que tem comprimento maior, e faz com que o azul desapareça completamente – a luz azul sofre uma difusão 9,38 vezes maior do que a vermelha. Nossos olhos percebem o resultado de tudo isso por refração.

O Sol não se levanta: nosso planeta, na verdade, é que deu a volta em torno de seu eixo e permite, assim, que a vida se desenvolva aqui, "pegando carona" nesta energia liberada pelo astro rei.

É fascinante podermos viver e existir. É a maior e mais bela de todas as experiências humanas. Apenas existir!

Podermos vislumbrar toda esta dimensão tão onipotente e ao mesmo tempo tão ilusória – da mesma forma que essa realidade desenhada para nós, seres humanos e inteligentes, mas tão frágeis e dependentes das reações biológicas, como o oxigênio para respirarmos, a água para bebermos e a comida para nos alimentarmos. É curioso como somos tão pequenos, animalescos e dependentes biologicamente destes circuitos precisos, e ao mesmo tempo podemos "viajar" em nossas mentes e inteligência, extrapolando qualquer limite e ultrapassando as barreiras tanto do microcosmo, das partículas subatômicas, quanto do mundo macrocósmico, dos planetas e galáxias.

Construímos nossas vidas através desta realidade de um "eterno presente", que sobrepõe o ontem e o amanhã.

O deslizar de nossos dias, correndo como as águas de um riacho, é apenas um frágil manto. Uma leve brisa que se mistura à nossa memória.

Desvendar esta realidade, compreendê-la e harmonizar-nos em seu seio é um dos maiores desafios que temos esta jornada de vida.

E este livro é uma tentativa de penetrar neste mundo sutil e fugaz da subjetividade.

É uma proposta de vislumbrarmos além do véu da materialidade que nos envolve a cada dia e a cada momento.

É um esforço para que possamos fazer esta viagem imaginária, além de nossos limites físicos e palpáveis, adentrando o mundo da espiritualidade.

É um convite para que o leitor viaje na história e possa ser capaz de conhecer as ideias, os pensamentos, os conceitos e a evolução tanto da história da ciência quanto da Igreja e da religiosidade.

Espero que, sem nenhum preconceito, possamos vislumbrar tanto este mundo maravilhoso e invisível quanto suas lições para nossas vidas e nossa existência neste lugar visível.

Tenha uma boa leitura!

Robson Rodovalho

AGRADECIMENTOS

– Agradeço à minha esposa pela paciência de estar ao meu lado horas a fio enquanto escrevia este livro.

– Agradeço aos professores Delson de Jesus e Paulo Afonso pela colaboração de ler o texto contribuindo com suas avaliações científicas.

– A todos os amigos e colaboradores que comigo somam esforços para divulgar esta visão de que a ciência e a fé podem andar juntas.

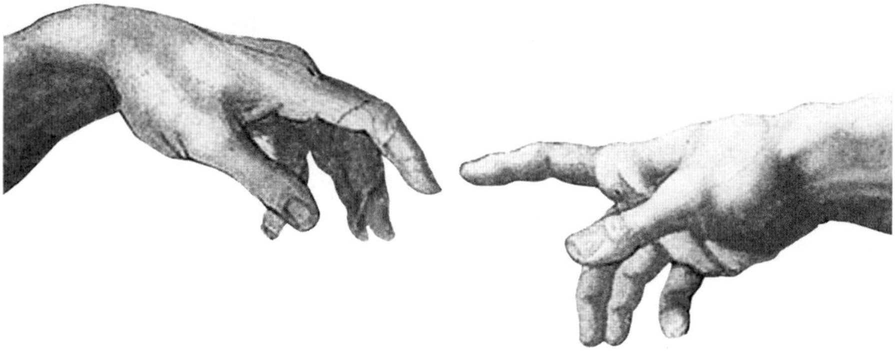

PARTE I

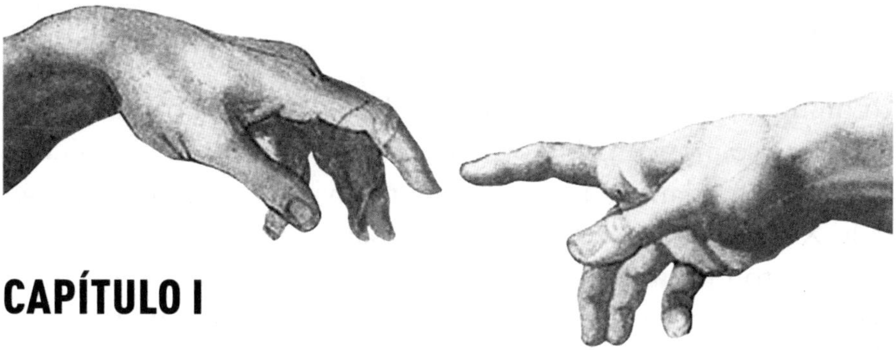

CAPÍTULO I

A EVOLUÇÃO DA CIÊNCIA

Analisando o passado, veremos que tanto a ciência quanto a fé e a espiritualidade tiveram seus grandes momentos na história. Elas passaram por períodos onde seus postulados dominaram a mente de toda uma geração, condenando aqueles que não estivessem alinhados com seus pensamentos ao desprezo, ao ostracismo e até mesmo à perseguição.

A ciência evoluiu sistematicamente desde o modelo atômico de Leucipo e Demócrito, que admitia os átomos movendo-se no vazio. Essa ideia teve um futuro brilhante, pois hoje em dia sabemos, pela teoria quântica dos campos, que o "vazio" é a coisa mais importante, por ser ele o estado fundamental do campo onde, uma vez excitado, surgem as partículas.

O professor Mario Schenberg (1914-1994), físico, ex-professor da USP e autor do livro *Pensando a física* (Ediouro 2001), explica que esse preceito não foi muito aceito entre os filósofos gregos: "O modelo de Leucipo e Demócrito foi uma ideia extremamente contrária ao sentimento grego, que não era favorável ao vazio". Para ele, esse conceito de vazio se assemelhava mais ao pensamento da Índia do que ao da Grécia. Para o pensamento hindu, o vazio corresponderia a Deus, pois era o vazio onde as coisas se moviam. A teoria atômica de Leucipo e Demócrito se tornou fundamental para o desenvolvimento da física do século XVII e acabou por influenciar Isaac Newton.

Newton foi influenciado também por Empédocles, outro filósofo grego importante em seu tempo. Este formulou ideias inéditas, como a teoria dos quatro elementos fundamentais: a terra, a água, o ar e o fogo. Entre esses elementos, havia duas formas de interação, por ele denominadas "amor e ódio". Essa ideia de interação entre amor e ódio tem origem no Egito e tornou-se muito importante na história da ciência. Segundo alguns historiadores, Newton partiu desse modelo e interpretou o "amor como força de atração" e o "ódio como força de repulsão". Consequentemente, este conceito de amor e ódio levou Newton a pensar nas forças de "atração" e de "repulsão". A força de atração não seria necessariamente a gravitação; poderia haver outras forças atrativas. Mas Newton percebeu que não conseguiria fazer uma teoria de gases, por exemplo, admitindo apenas forças de atração entre os átomos dos gases; deveria também haver força de repulsão. Hoje sabemos que as forças elétricas são de natureza atrativa e repulsiva.

Newton também se inspirou na chamada Tábua da Esmeralda, um texto muito antigo da filosofia hermética, atribuída a Hermes Trismegisto. Newton, que era físico, matemático, alquimista, astrônomo, teólogo e, talvez, mago – além de ter sido integrante da Rosa Cruz e dos "Illuminati" –, foi influenciado por intuições herméticas tanto quanto a física de hoje ainda o é.

O modelo de Copérnico também foi uma ideia de grande importância em seus estudos. Nele, o modelo heliocêntrico – os planetas orbitando em torno do Sol – exigiu uma revisão das leis que governavam a queda dos corpos, fato que levou Newton a formular a lei de gravitação universal, modelo que já havia sido exposto por Aristarco de Samos, famoso filósofo grego ligado à

Escola de Pitágoras. Os filósofos pitagóricos achavam que o Sol deveria estar no centro, porque ele era o astro mais importante, não podendo nunca estar numa posição periférica, girando em torno da Terra. Em seu entendimento, a Terra e os demais planetas é que deveriam girar em torno do Sol.

Platão, já naquela época, admitia que um elemento fundamental podia transformar-se em outros. Esses elementos foram ligados, por ele ou pela escola pitagórica, aos poliedros regulares e convexos. A existência de cinco poliedros regulares e convexos já era conhecida por Teeteto. Um desses poliedros parecia estar numa posição singular, o dodecaedro. Ele tem faces pentagonais, enquanto os outros têm faces triangulares, e o cubo, faces quadradas. Segundo alguns historiadores, o tetraedro, o cubo e o dodecaedro já eram conhecidos anteriormente a Teeteto – que descobriria o octaedro e o icosaedro, ou seja, dois dos cinco elementos.

Mais recentemente, Heisenberg e Ivanenkon apontaram através do princípio da incerteza de Heisenberg o que já havia sido introduzido nos diálogos de Platão. É interessante notar que tanto Heisenberg quanto Ivanenkon fizeram essa mesma observação simultânea e independentemente, de que havia uma indeterminação básica nos fundamentos da natureza, como Platão havia vislumbrado.

A pergunta que se faz é: de onde surgiu essa ideia? O professor Schenberg acredita que Platão deve ter tido uma intuição de que haveria alguma limitação na possibilidade do conhecimento simultâneo de alguns aspectos diferentes da realidade física. Por exemplo: a ideia da teoria cinética dos gases evidentemente vem de Demócrito. O conceito de os átomos movendo-se no vácuo é compatível com o modelo de gases de Maxwell e Boltzmann. Embora a teoria destes dois cientistas tenha ido além e envolva o conceito da distribuição das partículas em termos de probabilidade. Esse é mais um caso interessante que mostra que não sabemos de onde vem a ciência fundamental. Pois inicialmente Demócrito a sugeriu.

Para o professor Schenberg, algumas ideias fundamentais têm origens desconhecidas dos próprios autores; eles também não sabem de onde as tiraram. Um belo dia aparece na cabeça do autor aquela ideia, mas ele não consegue explicar de onde ela vem. Os cientistas chamam isto de *ansatz*, termo que em alemão significa "aproximação" – no sentido de ideia iluminadora que surge no momento de uma necessidade. Outras têm origem conhecida: elas provêm obviamente da experiência.

Schenberg destaca que, no caso dos diálogos de Platão, há muitas outras ideias interessantes, uma delas sendo a introdução do conceito do *Chora*. Para Platão, Chora era o aspecto mensurável do universo, exatamente o campo de atividade da física; entretanto, o filósofo acreditava também que o universo tinha outros aspectos não mensuráveis.

Muitos dizem que nem tudo que Platão escreveu era ideia dele. Ele teria sido apenas um compilador, juntando muitos conceitos já existentes em sua época aos seus. Em particular, parece que Platão usou muitas das ideias da escola pitagórica – que, por sua vez, podem não ter sido do próprio Pitágoras. Ele foi um homem que saiu muito jovem da Grécia e voltou aproximadamente com 56 anos de idade; ele ficou 22 anos no Egito, 12 anos na Babilônia e algum tempo no Irã. Possivelmente, nessas viagens, além de conhecer as ideias dos egípcios, babilônios e outros povos – inclusive os hindus –, Pitágoras pôde compilá-las e organizá-las, harmonizando sua teoria.

Ainda segundo Schenberg, os gregos tinham uma grande rejeição ao conceito do "vácuo" e não entendiam a noção do vazio; por isso mesmo, a filosofia de Demócrito e sua teoria atômica não foram aceitas de imediato pelos maiores pensadores gregos daquele tempo.

Como resultado, os gregos nunca conseguiram criar o número zero, pois ele simboliza o nada. Os números que usamos, os arábicos, entre eles o zero, foram trazidos da Índia pelos árabes. Percebe-se que os indianos tinham uma ideia de mundo bem diferente da dos gregos: entre outras coisas, tinham o conceito dos números como símbolos operacionais, além de serem coisas. Em particular, eles já conheciam a importância do número zero – que é justamente a unidade do corpo aditivo dos inteiros. Zero, representando o vazio, também era um elemento fundamental do deus hindu. Para eles, o vazio era identificado como uma divindade. Isso mostra que ideias fundamentais da física e da matemática não são puramente racionais. Para o budismo, o zero tem essa mesma importância, pois, em sua doutrina, o vazio é a matriz de todas as coisas. Tudo é resultado desse vácuo.

Após milhares de anos, descobrimos que esses conceitos antigos estão alinhados com as últimas descobertas baseadas em experimentos quânticos. Por exemplo, a existência dos átomos e suas estruturas – sujeitas inclusive a modificações externas – que evoluiu e chegou hoje aos conceitos mais modernos da física quântica, envolve o vácuo quântico.

Em 1897, J.J. Thomson, físico inglês, descobriu o elétron através da experiência com tubos que dariam origem à televisão e da lâmpada neon, também chamados tubos de raios catódicos. Este experimento também foi o precursor das válvulas eletrônicas que dominaram a tecnologia dos rádios e transmissores até chegar aos transistores.

Em sua experiência, Thomson provou que os raios, em um tubo catódico, eram desviados por campos elétricos e magnéticos e, por isso, eram constituídos por partículas carregadas. Observando o desvio destes raios, com diversas combinações de campos elétricos e magnéticos, ele foi capaz de provar que todas as partículas tinham a mesma razão entre a carga e a massa – e ainda conseguiu medir esta razão. Thomson mostrou que as partículas com esta carga específica podiam ser obtidas usando-se qualquer material no cátodo, o que significava que essas partículas, que agora receberam o nome de "elétrons", são um dos constituintes fundamentais de toda a matéria.

Rutherford baseou-se na experiência de Thomson para desenvolver sua proposta de modelo atômico. Mas coube a Bohr conceber um modelo mais preciso para o átomo. O modelo de Bohr pressupõe que os elétrons dos átomos descrevem órbitas bem definidas em torno do núcleo atômico, assim como os planetas em torno do Sol. De Broglie sugeriu então que o elétron, assim como a luz, se comportava como onda, tanto quanto partícula, sob determinadas circunstâncias. Esta natureza dupla do elétron era incompatível com a ideia de órbitas – e nascia assim o princípio da incerteza de Heisenberg, um dos maiores pilares da mecânica quântica.

Passando da antiguidade para o final do segundo milênio, a física sofreu tremenda influência e reorganização pelos pensadores, físicos e filósofos. Entre eles, Isaac Newton.

Para o professor Schenberg, Newton era uma figura bem estranha. Ele sintetizou muitos aspectos de sua época, que hoje julgamos contraditórios e incompatíveis. Por exemplo: Newton combinou a matemática dos gregos e a nova matemática das funções com as ideias herméticas e com outras ideias próprias – e conseguiu assim criar a nova mecânica. E uma das maiores contribuições para a mecânica foi a ideia da "massa".

Schenberg explica que essa ideia não era conhecida antes de Newton. Conhecia-se apenas a ideia de peso; entretanto, o peso é uma força, enquanto a massa, não. O próprio Descartes não conhecia o conceito de massa – ele tinha apenas o conceito de extensão e de movimento, que está representado pelo sistema de unidade de comprimento e de tempo.

O conceito de massa veio através de Newton. Para Schenberg, foi por meio dessa concepção que ele revelou sua genialidade extraordinária. Newton compreendeu que não existia apenas um conceito de massa, mas dois. Ele percebeu que havia uma massa, a que chamava de quantidade de matéria, que se conservava durante o movimento. Isto é, enquanto o corpo estava em movimento, tinha certa quantidade de massa, que era medida por sua quantidade de matéria. Esta quantidade não se alterava durante o movimento. Mas havia ainda outra quantidade de massa. Esse outro conceito, para Newton, se definia como o quociente de dois vetores paralelos – a quantidade de movimento e a quantidade de velocidade.

Newton dizia que nada a priori exigia que estas duas massas tivessem o mesmo valor. Ele compreendeu que o valor da massa, talvez, não fosse constante, podendo variar com a velocidade – isso, cerca de trezentos anos antes do conceito da relatividade geral de Einstein. Newton escreveu a equação da mecânica de uma maneira tão ampla que chega até a forma da teoria da relatividade. A equação que conhecemos de Newton para massa constante é F = m.a (força é igual a massa vezes a aceleração). Mas tinha uma concepção dinâmica da massa, pois, para ele, a equação básica do movimento era F = dp/dt (força é igual à taxa de variação do momentum linear no tempo). Ele, assim, não tinha certeza se as duas massas eram realmente iguais. Então, na sua concepção, a massa poderia eventualmente variar com o movimento da partícula. Sabemos hoje pela teoria da relatividade que este "m" (de massa) não é constante, mas varia com a velocidade. Exatamente como Newton antes pensara. Em qualquer problema de mecânica que envolva variação de massa – por exemplo, o movimento de um foguete que vai perdendo massa de combustível – e de estágios, a equação F = dp/dt é usada, mesmo se não for um fenômeno relativístico.

Para Schenberg, sob certos aspectos essenciais, pode-se dizer que Newton foi o precursor da física quântica, que sintetizou os aspectos corpusculares, ou seja, partículas com forma definidas e ondulatórias, que se espalham na forma de ondas. Ele solidificou os conceitos de física quântica. Embora Newton tenha ficado conhecido como o pai da mecânica clássica, as conhecidas Leis de Newton funcionam claramente para grandes dimensões, como as do nosso Universo visível. Schenberg acredita que Newton viu bem além daquilo que a mecânica clássica poderia inicialmente perceber.

Newton acreditava no conceito de campo como um agente intermediário que transmitia a força de uma parte da matéria à outra. O campo aparecia na forma primária como um transmissor de forças. Na mecânica, ele dizia que o espaço era o sensório de Deus e, portanto, poderia ser, por seu caráter divino, o agente transmissor das forças gravitacionais. E Newton era categórico: não se tratava de um Deus qualquer. Era Jeová, o Deus de Israel, quem transmitia as forças.

Stephen Hawking e Leonard Mlodinow, em seu livro *O grande desígnio*, afirmam que "o Universo é compreensível porque é regido por leis científicas, o que significa que o seu comportamento pode ser modelado". Porém, os autores questionam quais seriam essas leis ou esses modelos.

A primeira força a ser descrita na linguagem matemática foi a gravidade. A lei da gravidade de Newton, publicada em 1683, dizia que qualquer objeto no Universo atrai todos os outros objetos com uma força proporcional à sua massa. Essa lei causou grande sensação nos meios intelectuais da época, pois mostrou pela primeira vez que pelo menos um aspecto pode ser modulado com precisão: a relação entre a força e a massa dos corpos e a gravidade. Além disso, Newton estabeleceu o dispositivo matemático para fazê-lo.

Embora extremamente respeitado por sua capacidade de síntese e percepção da ciência, bastante adiantada para sua época, sir Isaac Newton tem sido criticado por uma parte da escola científica por sua crença em Deus como um ser pessoal e uma força cósmica, que pode intervir de fato nas obras do Universo.

Após as chamadas Leis de Newton, criava-se então a física clássica, que tinha a pretensão de determinar a posição das partículas e dos corpos no tempo. É preciso lembrar que Newton foi sucessor das ideias de Descartes – e este, como um filósofo cristão, acreditava nas leis da natureza estabelecidas por Deus.

Para Descartes, Deus poderia alterar, à sua vontade, a verdade ou a falsidade das proposições éticas ou os teoremas matemáticos, mas não a própria natureza. Ele acreditava que Deus prescrevera as leis da natureza, mas que não tinha opção sobre elas. Em sua concepção, as leis que temos seriam as únicas possíveis. Isso poderia parecer colidir com a autoridade de Deus, mas Descartes contornou o problema argumentando que as leis eram inalteráveis, pois eram reflexo da própria natureza intrínseca de Deus. Para ele, independentemente da disposição da matéria no início do Universo, ao longo do tempo teria surgido um Universo igual ao nosso. Descartes considerava ainda que, depois de ter dado início ao Universo, Deus tinha deixado-o completamente entregue a suas próprias leis.

Isaac Newton adotara uma posição semelhante com suas três leis de movimento e a lei da gravidade, que explicavam as órbitas da Terra, da Lua e dos planetas e esclarecia os fenômenos como o das marés. Foi Newton quem conquistou uma aceitação generalizada para o conceito moderno da lei científica, estabelecendo e explicando a relação de causa e efeito para os fenômenos da mecânica. Suas equações e o modelo matemático que apresentou ainda são ensinados hoje nas escolas e utilizados, só para citar alguns exemplos, na arquitetura, na engenharia e até no cálculo da trajetória de um foguete. Como escreveu o poeta Alexander Pope: “A natureza e suas leis jaziam escondidas na noite. Deus disse: ‘Faça-se Newton’, e tudo se fez luz.”

Observa-se a importância da figura de Isaac Newton para o pensamento científico, inclusive hoje. Cabe aqui lembrar que ele foi influenciado por Descartes, que, por sua vez, foi precedido por Galileu, e este, por Kepler. E qual o pensamento comum entre eles? Que as leis da natureza eram obras de Deus.

Galileu, inclusive – e lamentavelmente – foi constrangido pela Igreja Católica a retirar seu conceito de "modelo científico dos planetas".

O modelo de Copérnico suscitou um debate muito severo a respeito do fato de a Terra ser ou não o centro do Universo. Em 1633, por ter defendido abertamente o modelo copernicano, Galileu foi julgado e condenado como herege, de acordo com a interpretação da Igreja – sendo obrigado a retratar-se e ficando sujeito à prisão domiciliar para o resto da sua vida. A história diz que ele disse baixinho para si mesmo, no final do julgamento, a seguinte frase: "Mas ela se move."

Apenas mais de três séculos depois, em 1992, a Igreja Católica romana reconheceu que tinha cometido um erro ao condenar Galileu.

Por outro lado, Kepler, que era padre da Igreja Protestante, foi por ela apoiado, tornando-se capelão da corte de Tchico Bray.

É importante lembrarmos que em 340 a.C., Aristóteles escreveu seu livro sobre os "céus", sustentando a tese de que a Terra era uma bola redonda e não uma placa plana, conforme se acreditava. Primeiro ele percebeu que os eclipses da Lua eram provocados pela Terra, quando ela se interpunha entre o Sol e a Lua. A sombra da Terra que se via sobre a Lua era sempre arredondada, de onde se poderia concluir que o planeta era esférico. Se a Terra fosse um disco plano, sua sombra seria alongada e elíptica, a não ser que os eclipses ocorressem sempre que o Sol estivesse exatamente sobre o centro do disco.

Os gregos por sua vez perceberam, por meio de suas viagens, que a estrela polar ficava mais baixa no céu quando observada das regiões meridionais do que quando observada das zonas setentrionais. A partir da diferença da posição aparente da estrela polar no Egito e na Grécia, Aristóteles conseguiu chegar próximo à medida da circunferência da Terra, que ele estimou em 400 mil estádios – um estádio corresponderia a cerca de 200 metros.

Com a evolução das descobertas científicas, no final do século XIX, o cientista James Clerk Maxwell lançou a teoria cinética dos gases, estabelecendo a lei de distribuição das velocidades das moléculas de um gás. Esta lei mostrou que, num gás, as moléculas não se movem com a mesma velocidade, mas que há uma distribuição de velocidades moleculares em função das temperaturas. Esta é a Lei de Maxwell e foi uma das primeiras vitórias da teoria cinética. Tais ideias foram aprofundadas pelo físico Ludwig Boltzmann na chamada mecânica estatística, na qual ele relacionou os conceitos da entropia com o conceito de probabilidade – algo que viria, posteriormente, a ter uma importância grande na mecânica quântica. Boltzmann, físico austríaco, tornou-se conhecido no campo da termodinâmica estatística. Ele visualizou um método probabilístico para mediar a entropia – o aumento da desordem das partículas de um gás ideal. A entropia foi definida como proporcional ao logarítimo neperiano do número de microestados que um gás pode ocupar.

A abordagem de Boltzmann sobre entropia tornou mais claro o conceito e o entendimento sobre calor, já que, por meio da entropia, pode-se obter todo o conhecimento termodinâmico de um sistema.

A termodinâmica estatística é a parte da termodinâmica que relaciona grandezas macroscópicas (que podem ser medidas por nossos aparelhos) com as microscópicas, através de equações, teoremas, etc. Um exemplo de grandeza macroscópica é a temperatura e de uma grandeza microscópica é a velocidade de uma molécula. Entropia é uma grandeza termodinâmica que fornece a informação sobre o grau de irreversibilidade de um sistema, ou seja, se um sistema é irreversível (que não retorna a um estado anterior) e em qual grau ele é irreversível. A entropia está ligada à desordem de um sistema na termodinâmica. A desordem não é aquela definida pelo senso comum, mas é associada ao número de microestados acessíveis ao sistema e este número é calculado a partir de uma equação que envolve o logaritmo neperiano do número de microestados do sistema (por exemplo, de um gás). O logaritmo neperiano é um logaritmo que tem como base o número de Neper (e=2,718281828...). Assim, quanto maior for a desordem de um sistema, maior será a sua entropia. Isto equivale a dar ao sistema um maior número de microestados acessíveis às partículas que o compõem. Ou seja, o sistema poderá se apresentar em um número maior de configurações das suas partículas. Para cada configuração diferente de um sistema, um estado deste sistema é caracterizado.

Após a chamada revolução científica newtoniana, então, surgia o século XX – cujo início foi marcado pela teoria da relatividade e dos quanta. Foi Albert Einstein quem primeiro preanunciou a teoria da relatividade geral, e foi Max Planck quem introduziu a ideia dos quanta. Planck – considerado o pai da física quântica e um dos físicos mais importantes do século XX – deduziu a lei da emissão de energia e a da distribuição das energias em um corpo negro. Foi daí que surgiu a sua observação que deu origem à importante constante que levou seu nome (Constante de Planck), que foi fundamental para o nascimento da física quântica. O corpo negro se deve ao fato de ser um absorvedor ideal como o carvão, por exemplo, que absorve toda a radiação que recebe sem refletir nenhuma parte. Percebeu-se que a distribuição espectral da absorção é igual à distribuição da emissão para esses corpos. A partir daí, Max Planck abre o caminho para uma das maiores revoluções da ciência, o nascimento da física quântica.

Radiação é o processo de transferência de energia por ondas eletromagnéticas. Vulgarmente as próprias ondas magnéticas são consideradas irradiação. A ideia de "processo de transferência" é a mais adequada. Qualquer corpo a uma determinada temperatura emite radiação, ou seja, emite ondas eletromagnéticas. E quanto maior for a temperatura do corpo, maior será a energia que ele emitirá. Essa radiação é do tipo térmica. A radiação do corpo negro só depende da temperatura dele, não depende da sua composição, isto porque, um corpo pode absorver apenas parte da energia que nele incide. Como o corpo negro é considerado um corpo ideal, que teria índice de absorção de energia igual a 1. Este corpo na verdade não existe na prática. Embora vários corpos possuam seus índices de absorção próximos da unidade. Quando dizemos que um corpo absorveu toda radiação que nele incidiu, identificando-o como um corpo negro, esta afirmação é uma aproximação apenas, porque o corpo negro praticamente não existe. É uma idealização teórica, sempre haverá perdas (mesmo ínfimas) que são pequenas porções de radiação não absorvidas por ele, porque os materiais naturais são diferentes dos modelos teóricos e não são perfeitos. O modelo teórico diz que este corpo que absorve (ou emite) totalmente a radiação (em todos os comprimentos de onda) que chega a ele é um corpo que só poderia ser negro, visto que corpos de outras cores refletiriam parte da radiação que neles incide na sua cor. Isto porque a cor da radiação depende da frequência e a frequência depende da temperatura do corpo que foi aquecido, seja qual for a sua composição. Foi aí que Planck percebeu neste fenômeno que a energia de um corpo só existe em valores discretos (espectro de energia não-contínuo), em quantidades que podem ser contadas. A unidade elementar e indivisível da energia eletromagnética foi chamada de "quantum" cujo plural é "quanta".

Ressalte-se que a constante de proporcionalidade é a Constante de Planck. A mecânica clássica não explicou os resultados de Planck e foi aí que a física quântica surgiu explicando este fenômeno e outros que compuseram suas teorias.

E sobre os osciladores harmônicos? Planck supôs um modelo para explicar a radiação magnética de um corpo. Ele disse que a radiação eletromagnética de uma certa frequência era gerada por osciladores harmônicos lineares da mesma frequência, os quais representavam as partículas que formam a estrutura molecular do corpo e que estavam ligados um ao outro por "molas", representando as forças de interação entre eles. Esses osciladores, segundo Planck, só podiam emitir energia (quando oscilavam excitados por aumento de temperatura) em determinadas quantidades inteiras (múltiplos de hf, h = a Constante de Planck, e f = frequência de oscilação). Assim ele determinou que a energia poderia ser "contada", ou seja, "quantizada", fato que revolucionou as ideias científicas da época, pois era aceito um espectro contínuo de energia e não um espectro discreto (contado) como Planck estabeleceu.

Em 1905, Einstein introduziu o conceito de fótons como sendo os constituintes da luz, que transportam uma energia que depende da frequência da onda luminosa. Desta forma, ele explicou e ampliou o conhecimento sobre a propagação da luz – agora em sua forma descontínua, porque a energia está irregularmente distribuída no campo, nos fótons. Com isso, Einstein concluiu que os quanta não se relacionam apenas a um fenômeno particular do corpo negro, mas a todos os fenômenos ópticos.

Algumas experiências realizadas pelo físico inglês Thomas Young, especialmente a Experiência da Dupla Fenda, demonstraram que a luz era formada por ondas, e não composta por partículas, conforme Newton acreditara. Embora se possa concluir que Newton estava errado ao afirmar que a luz não era uma onda, e sim uma partícula, a verdade é que ele tinha certa razão ao dizer que a luz poderia se comportar como se fosse partícula. Hoje chamamos essas partículas de fótons. Foi Einstein quem primeiramente deduziu que a natureza da luz se comporta nesta dualidade – dependendo do fenômeno físico, ela tanto pode ser onda quanto partícula.

Após o lançamento da teoria da relatividade geral de Einstein e dos fundamentos da mecânica quântica por Planck e Einstein, a ciência evoluiu, e, à medida que avançava para a compreensão do princípio de incerteza de Heisenberg – que diz que não podemos determinar com precisão e simultaneamente a posição e o momento de uma partícula –, foi perdendo cada vez mais o seu determinismo. Ou seja, em uma experiência não se pode determinar simultaneamente o valor exato de um componente do momento *(px)* de uma partícula e também o valor exato da coordenada correspondente, *(x)*.

O desenvolvimento e os experimentos que veremos a seguir contribuíram para nos trazer até este momento em que a ciência está em busca da chamada "teoria do tudo" ou "teoria M" – que, acredita-se, seja capaz de explicar com coerência, e com equações matemáticas, os fenômenos do mundo visível pelas mesmas equações que regem o microcosmo. Estamos, portanto, no que chamamos um ponto de inflexão na compreensão dos fenômenos de teorias da física moderna. E é neste momento que se abriu a possibilidade para a atuação da fé e da espiritualidade. É impossível estudar os fenômenos quânticos sem perceber que há uma íntima e profunda correlação dessas duas visões de mundo, a da ciência com a fé e espiritualidade.

O que faremos neste ensaio é tentar mostrar que à medida que o desenvolvimento científico avança, fica cada vez mais claro que ele pode andar de mãos dadas com a fé e com a espiritualidade.

Em todos os momentos, inclusive no instante em que você lê estas palavras, moléculas de ar voam mais rápido do que uma bala, bombardeando-o por todos os lados. Suas velocidades dependem diretamente da temperatura a que você está submetido.

Enquanto isso, os átomos e moléculas que compõem seu corpo giram, vibram ou colidem uns com os outros incessantemente. Nada na natureza está imóvel, e quanto mais rápido algo se move, mais energia transporta; a energia coletiva de átomos e moléculas é o que chamamos e sentimos como "calor".

Algo como mais de duas mil partículas atravessam seu corpo, levando a interação do Universo e temperatura a você.

Você consegue imaginar este balé invisível produzindo o resultado chamado "vida"?

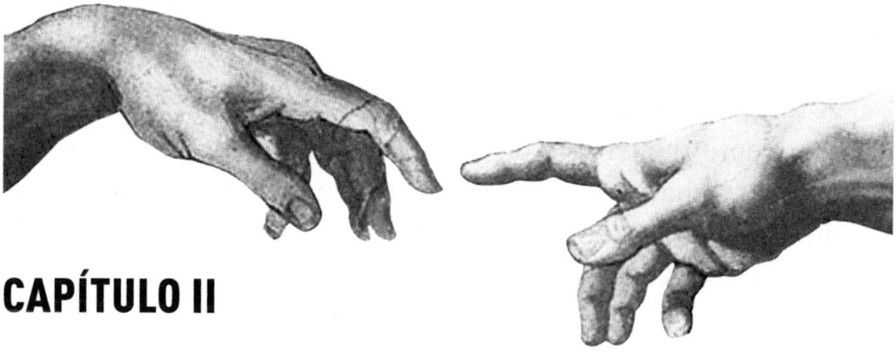

CAPÍTULO II

A ARROGÂNCIA E PREPOTÊNCIA DA IGREJA

Jesus Cristo veio ao mundo num momento em que o Império Romano demonstrava sua opção pelo domínio por meio da força de seus exércitos. Os gregos, que haviam entrado em decadência após a morte de Alexandre, trouxeram ao mundo os compêndios da sabedoria sistematizando o conhecimento humano, a filosofia e a visão científica. Já os judeus se caracterizavam por sua religiosidade e busca da espiritualidade. Nessa encruzilhada da história, aparece Jesus Cristo, trazendo em seus ensinamentos a síntese pragmática de quase todos os postulados de sabedoria até então desenvolvidos pelas civilizações anteriores.

Foi Jesus Cristo quem colocou o ser humano como padrão do mundo. Foi ele quem mostrou que a dignidade e o respeito humanos estavam acima de todos os demais valores. Foi ele quem sintetizou a máxima: "Ama o próximo como a ti mesmo." Por mais que Sócrates, Platão ou Aristóteles tenham filosofado sobre a grandeza do homem em seu valor, foi Jesus quem colocou a síntese capaz de revolucionar a vida humana, implantando valores jamais imaginados e contribuindo para um mundo moderno.

A força da vida e dos ensinamentos de Jesus Cristo foi tão grande frente à barbárie da sua época que, mesmo sem escrever uma só linha, sem organizar nenhum exército, sendo injustiçado e derramando seu próprio sangue, ele foi a semente de uma grande revolução na história da humanidade. O impacto causado pela vida e pelos ensinamentos de Jesus trouxe, no meio daquela sociedade, uma nova perspectiva de vida, a espiritual. Após sua morte e ressurreição, seus discípulos levaram seus ensinamentos, transformando o cenário social daquela época. Era o nascimento da Igreja, que, de perseguida, passou a ser o sistema dominante. Poucos séculos depois, a Igreja não apenas coabitava com o Império Romano, mas se tornaria sua mentora e posteriormente a condutora do processo político e do governo.

Nesse hiato do tempo em relação ao desenvolvimento do conhecimento humano, a humanidade inaugurou o segundo milênio, no qual a Igreja cada vez mais centralizava seu poder e sua influência, monopolizando não apenas o conhecimento religioso e espiritual, mas também o poder político e o conhecimento científico. A Igreja não apenas se afastou dos verdadeiros postulados cristãos como também tentou, em sua arrogância, legislar sobre os postulados científicos. Na tentativa de manter o monopólio e o controle da vida humana, tentou controlar também o conhecimento e a ciência. E condenou Galileu Galilei por sua teoria com base no modelo de Copérnico, que dizia que a Terra não era o centro do Universo.

A Igreja também tentou dar uma interpretação científica à origem do Universo e da vida humana, usando cálculos matemáticos simplistas para tentar determinar a data da criação humana. E ofereceu uma interpretação literal do livro de Gênesis, afirmando ter Deus criado a Terra com a vida e com seus demais sistemas em apenas seis dias de 24 horas – negligenciando o que a própria Bíblia, em II Pedro 3:8, diz: "Para Deus, um dia é como mil anos, e mil anos como um dia." Isso mostra que, quando se trata de datas e períodos, a linguagem da cronologia bíblica não é exata. A Igreja também parece ter se esquecido de levar em conta que o homem foi criado por Deus no paraíso, antes da "queda" de Adão e Eva. E como não havia "corrupção" física, no sentido de degradação dos sistemas biológicos e físicos, naquela época, podemos concluir que o tempo daquele período não produzia o envelhecimento e consequente morte física.

A interpretação literal do livro de Gênesis pela Igreja enrijeceu o conceito da criação, revestindo-a de uma percepção simplória e trazendo uma ortodoxia não contida no próprio livro. Em 1658, o bispo anglicano inglês James Ussher calculou de forma regressiva as gerações pós-Adão, concluindo que o homem fora criado cerca de cinco mil anos antes – teoria que foi aceita pela Igreja da época. Mais uma vez, porém, a Igreja tropeçava na interpretação das Escrituras, tentando trazer luz e conhecimento em uma área delicada e complexa. Qualquer intérprete exigente das Escrituras pode perceber que as genealogias do livro de Gênesis, que são repetidas no livro de Primeiras Crônicas, que também retrata as genealogias, trazem mais um foco explícito sobre a sequência e continuidade da fé entre os homens do que apenas uma sequência de gerações. No texto em questão, algumas vezes a palavra "gerar" não significava descendência direta. "Adão gerou Caim e Abel; Adão gerou a Sete, que gerou Enos, que gerou Cainã, que gerou Maalalel, que gerou Jarede" não significa descendência biológica direta. Além disso, em muitos casos, ocorreram gerações omitidas nas genealogias registradas. Não há, portanto, como traçar uma linha genealógica completa e fiel aos acontecimentos históricos – e, dessa forma, perde-se a capacidade de se construir uma percepção linear da data da criação do homem sobre o planeta Terra pela cronologia bíblica.

A nomeação individual acima não deve ser presumida como uma sequência contínua. Há que se entender que, com frequência, nomes foram omitidos, sendo esse registro genealógico bem seletivo. A expressão "gerou", nesse texto, nem sempre implica em parentesco direto. No capítulo primeiro de Mateus, aparece que "Jorão gerou Uzias"; mas, analisando o Antigo Testamento, especificamente em II Reis 8.25; 11.2; 14.1; e 14.21, vemos que Jorão foi o pai de Acazias, que foi pai de Joás, que foi pai de Amazias, que, por sua vez, foi pai de Uzias. Sendo assim, "gerou" pode significar que ele "gerou uma descendência que culminou em...".

Abordaremos um pouco mais esse aspecto na parte final deste livro.

Parece que o mesmo princípio é usado para o registro da criação de Adão e Eva – pois aparentemente foi gerada, ao lado de Adão, uma grande quantidade de filhos que já existiam antes da "queda". De acordo com o texto de Jó 31.33:

> "Se, como Adão, encobri as minhas transgressões, ocultando o meu delito no meu seio; porque eu temia a grande multidão, e o desprezo das famílias me apavorava, e eu me calei e não saí da porta."

A conclusão do versículo supracitado é que Adão não estava sozinho no momento de sua queda; ele era, isso sim, como patriarca, o foco central de todo o processo daquela história. Poderia então ter ali toda uma geração de homens e mulheres, criados antes da queda do homem, nos lembrando que a consequência da ação do tempo cronológico pós-queda é, sem dúvida, absolutamente diferente da ação do tempo anterior ao advento da queda do homem, narrada no capítulo 3 de Gênesis. Esta hipótese explicaria de onde veio a mulher com quem Caim casou-se.

Se no sistema antes da queda não havia "corrupção" ou degradação, então havia uma forma de vida cujo processo de existência girava em torno de um tempo que não produzia envelhecimento – e, por consequência, a morte.

Era como se o homem vivesse num mundo com liberdade para se mover com velocidades muito altas, de forma que o transcorrer do tempo para ele significava um tempo maior para alguém que o observasse. Quanto mais próxima for a velocidade dele da velocidade da luz, mais longo é o tempo medido pelo observador – o que pode chegar a milhares ou milhões de anos. Assim, quanto mais se andar com velocidade próxima à da luz, o tempo será ainda menor e o tempo do observador será ainda maior. Se conseguisse atingir a velocidade da luz, então o tempo pararia para ele, seria zero! Esse homem também teria a liberdade de se locomover a distâncias muito grandes, mas se alguém o observasse, perceberia apenas distâncias mínimas percorridas. Tudo isso era possível, porque ele se deslocava a velocidades muito próximas à da luz, em sua dimensão espiritual originalmente criada antes da queda.

A Igreja, portanto, se arrogou uma área em que ela não tinha conhecimento nem autoridade para fazê-lo, colocando uma mordaça sobre o conhecimento humano e perseguindo aqueles que tentavam caminhar em busca de novas descobertas. Em sua ortodoxia sobre o monopólio do conhecimento, a Igreja chegou ao extremo de ser ela mesma questionada por seus próprios filhos – como o padre Martinho Lutero, propagador da Reforma Protestante, que trouxe contribuições significativas para a Revolução Francesa e, com ela, ganhos incalculáveis nos chamados direitos humanos.

Algumas declarações bíblicas com viés científico

É interessante notar que a Igreja fazia afirmações acima de sua competência sobre o mundo científico – sem que a própria

Bíblia jamais tenha embasado tal papel, embora ela tenha declarações *en passant* sobre alguns postulados científicos.

Por exemplo, no livro de Isaías 40:22, encontramos a declaração: "Ele assentou sobre a REDONDEZA da Terra (...)."

Por que a Igreja, em vez de combater a teoria da redondeza da Terra de Galileu, não se voltou às Escrituras? Se ela o tivesse feito, teria se aliado a Galileu – e não o perseguido.

O mesmo podemos afirmar de Jó 26:7, que nos diz: "Ele (...) sustenta a Terra sobre o NADA."

Aliás, ironicamente, esse é o título de um dos últimos livros lançados por Lawrence Krauss, *A universe from nothing*, que busca demonstrar que é aceitável uma teoria da formação do Universo sobre o vazio e que não prescindimos de um fator causal que produzisse o ponto de singularidade que desencadeou o Big Bang. Falaremos mais à frente sobre esta teoria de Lawrence Krauss e em que ponto ela, de acordo com nossa percepção, torna-se insatisfatória.

Voltando ao tema central, as Escrituras afirmam ainda, em Jó 38:35: " (...) Ou ordenarás aos raios que saiam; e eles dirão eis-nos aqui."

O verso acima não nos projeta à natureza quântica e dual da luz? Não parece as ondas de comunicação? Que traduzem suas vozes?

E o salmo 122: 26, que nos diz: "(...) Eles perecerão, mas tu permanecerás, todos eles, como um vestido envelhecerão, como veste os mudarás..."

Não temos uma menção à segunda lei da termodinâmica, a lei do aumento da entropia, que diz que a desordem do Universo aumenta?

Também Eclesiastes 1:7, que nos diz: "Todos os rios correm para o mar, e contudo ele nunca se enche..."

E o mesmo Eclesiastes 1:6: "O vento vai para Sul donde nasce e faz seu giro, vai para o Norte, volve-se e revolve-se em sua carreira e retoma seus circuitos."

São declarações bíblicas, porém, não científicas. Aliás, foram feitas antes mesmo de existirem as ciências químicas e físicas.

Não se nega a sabedoria e uma boa pitada de visão científica delas – porém, não devem ser encaradas com a obrigatoriedade de se ter precisão científica. Caso contrário, as Escrituras estariam desacreditadas.

Mais uma vez, precisamos afirmar que há muita sabedoria no texto sagrado.

Embora ele pertença ao domínio da orientação espiritual, para com o homem, seu próximo e seu criador, ele nos permite um vislumbre de sua percepção da natureza. Porém, ela não se torna falha, se não for aceita como um compêndio científico.

A Igreja no último século

Na segunda parte do último milênio, a Igreja começou a ver seu poder declinar, enquanto o conhecimento científico ganhava maior importância.

O início do século XX foi um momento marcante, de grandes ideias e revoluções, e não apenas no campo da física. A teoria da relatividade de Einstein, a mecânica quântica de Planck e Einstein e o evolucionismo de Darwin, juntamente com as proposições de Marx e Lênin e os avanços na psicanálise por Sigmund Freud, entre outros agitaram todas as áreas de conhecimento. Assim sendo, não há como dizer que a fé e a espiritualidade representadas pela religiosidade predominante na época não fora atingida.

Qualquer observador do início do século passado concluiria que a fé e a espiritualidade não suportariam os ventos da modernidade e sucumbiriam. Parecia o triunfo da ciência sobre a religiosidade. Mas isso não aconteceu. Ambas sobreviveram, e até se fortaleceram de diversas formas. Tanto pelo fato de até hoje a Bíblia ser o livro mais lido entre os jovens e universitários quanto pelo fato de que um novo marco dividiu as opiniões dos cientistas – exatamente pela insuficiência da abordagem científica materialista para explicar a existência humana, como veremos adiante.

Avançando com nosso raciocínio: a ciência, inspirada nas leis da mecânica clássica determinista de Newton, evoluiu para o pensamento de que "Deus não era necessário". E assim o século passado foi o palco dos dois grandes embates sobre a origem da vida humana no planeta. Viemos da evolução dos primatas, conforme a teoria da evolução das espécies de Darwin? Ou somos um projeto específico de Deus? O conflito prevaleceu até a última década do século passado, quando foi dado um novo passo para a reconciliação entre a ciência e a fé.

Como escreveu Francis Collins, em seu livro *A linguagem de Deus*:

> Nas frases finais de *Uma breve história do tempo*, ao se referir a um tempo ansiado, em que uma teoria eloquente e unificada sobre tudo for desenvolvida, Stephen Hawking (em geral não dado a contemplações metafísicas) afirma: "Então, poderíamos todos nós, filósofos, cientistas e pessoas comuns, participar da discussão sobre a questão do porquê de nós e o Universo existirmos. Se encontrarmos uma resposta a isso, será o triunfo definitivo da razão humana – pois, então, conheceremos a mente de Deus." Seriam essas descrições da matemática da realidade indicativas de uma inteligência maior? Seria a matemática, juntamente com o

DNA, uma outra linguagem de Deus? De certo a matemática tem conduzido os cientistas ao rumo certo de algumas certezas mais profundas. A primeira é: como tudo isso começou.

A edição de 14 de dezembro de 2005 da revista francesa *Le Point*, em artigo assinado por Emilie Lanez, com o título "A ciência e a origem do mundo", aborda o tema e questiona: o Universo é obra do Criador ou é a ínfima parte de um conjunto de universos surgidos aleatoriamente?

Existente desde 1911, o Conselho de Física da Solvay, integrado por oitenta físicos de todos os países do mundo, se reuniu recentemente para discutir as últimas descobertas da física.

E um artigo traz uma entrevista com o físico americano Brian Greene e o francês Thibault Damour, citando as palavras do astrônomo Robert Jastrow: "Eles escalaram as montanhas da ignorância se dispondo a alcançar seu cume e, quando se apoiaram na última rocha, foram acolhidos por um grupo de teólogos que estavam lá instalados há muitos séculos."

Na entrevista, Thibault Damour afirma: "Somos como cegos, cada um tocando uma parte de um elefante. O que toca na tromba diria 'vejam, é macio', o que esbarra nos dentes diria 'vejam, é duro' etc. O elefante é a teoria M."

A matéria traz, por fim, a pergunta central: "Como você poderia definir ciência e religião?" A resposta é tão brilhante que merece ser repetida na íntegra:

> A ciência é a tentativa eficaz de explicar o funcionamento do Universo. É apenas isso. Quanto à religião, continua-se a falar dela como uma tentativa de explicação ainda não científica e, consequentemente, falsa e ingê-

nua. Acreditava-se nela também na França de Auguste Comte. A religião não é, de forma alguma, um conto. As religiões não teriam durado tanto quanto a própria humanidade, dizem os biologistas sociólogos, se elas não fossem indispensáveis à sua sobrevivência.

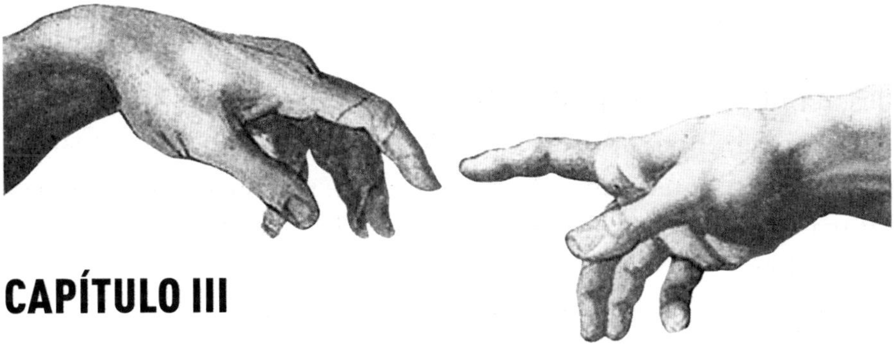

CAPÍTULO III

A ESPIRITUALIDADE E A FÍSICA QUÂNTICA

A descoberta da física quântica e seus postulados, obtidos através de experimentos científicos, provocou o fim do determinismo materialista clássico. Até então, as leis da mecânica clássica, de Newton, traziam a segurança de que, conhecendo a posição inicial de um corpo e sua velocidade, teríamos o controle de sua trajetória. O determinismo deu lugar ao princípio da incerteza do físico alemão Heisenberg, que diz que não podemos determinar ao mesmo tempo o momento linear de uma partícula e a sua posição – ou seja, perdemos a "onipotência" de prever o futuro e passamos a ter apenas uma onda de possibilidade.

A evolução da física quântica

A física quântica começou no início do século XX, com Max Planck, embora seu suporte matemático tenha vindo apenas após 1920, com Werner Heisenberg e Erwin Schrödinger. Planck trouxe a hipótese de que a energia existe em pacotes ou unidades, da mesma forma que a matéria, e não como onda, como se pensava na época. A energia seria "quantizada" em unidades, daí o termo "quantum". Como Planck era conservador, ele relutava em aceitar as implicações desta nova teoria – os quanta de energia.

Por outro lado, Albert Einstein publicou, em 1905, um trabalho sobre a natureza da luz denominado "Sobre um ponto de vista heurístico a respeito da produção e transformação de luz". Até então se acreditava que a luz seria um fenômeno ondulatório. Einstein especulou que a luz pudesse existir como "quantum" – um pacote de energia que agora é chamado "fóton" – através do efeito fotoelétrico, onde ele concluiu que a natureza da luz seria "onda-partícula".

E, em 1913, o físico Niels Bohr trouxe a ideia de que nos quanta de luz ocorrem inúmeros "saltos quânticos", ou seja, os elétrons saltam de uma órbita para outra sem passar pelas objetivas intermediárias ao receberem energia, ou seja, ao serem excitados. Na verdade, o elétron "desaparece" de uma posição e aparece em outra simultaneamente, de forma descontínua e sem previsão. Há apenas uma probabilidade de encontrá-lo em uma determinada posição.

A outra consequência da teoria quântica é a "dualidade onda-partícula". O conceito central é que a luz se comporta tanto como partícula quanto como onda, dependendo do fenômeno.

A palavra "quantum" significa literalmente "quantidade". Max Planck usou essa palavra para definir uma quantidade discreta de energia, um "quantum". Em 1900, Planck propôs que a aparente quantidade da energia não seria tudo; em sua base, a energia consistia de unidades ou pacotes, chamados "quanta". Essa ideia foi tão revolucionária que ele praticamente lutou a vida inteira para conciliá-la com a visão do mundo real.

Lembremo-nos que as ideias da física clássica, especialmente as trazidas por Isaac Newton, no século XVII, permaneciam gerando preconceitos e trazendo conflitos com essa nova teoria de Planck. Ainda se acreditava que o movimento era contínuo, e, com o determinismo – os movimentos podiam ser absolutamente determinados por leis físicas –, a localidade e a velocidade eram medidas por sinais, estabelecidas por espaço/tempo. Elas traziam, portanto, a sensação de um determinismo material. Ou seja, tudo é matéria.

As ideias quânticas de Planck trouxeram, portanto, um novo conceito – e Einstein, cinco anos depois, deu continuidade a essas ideias, comprovando que a luz ora se revelava como partícula, ora como onda.

Pode parecer absurdo, mas era absolutamente isso o que mostravam os experimentos. Como partícula, ela tinha um comportamento estabelecido; como onda, ela se espalhava ocupando dois ou mais lugares ao mesmo tempo. O conceito de dualidade onda-partícula, portanto, não foi o fim, mas apenas o começo das teorias quânticas.

Em 1913, Niels Bohr sustentou o seguinte postulado: quando um elétron saltava de uma órbita atômica para outra inferior, ele emitia uma discreta quantidade de energia luminosa – e o fazia de forma descontínua, sem passar pelo espaço intermediário entre as órbitas. Num instante ele estava numa órbita superior e, logo depois, numa órbita inferior, instantaneamente. Esse movimento descontinuado foi chamado por Bohr de "salto quântico". A teoria de Bohr foi tão bem aceita que estabeleceu esse novo conceito dentro da física.

Em 1923, Louis de Broglie introduziu uma nova ideia de que não apenas a luz, mas a matéria também é dual – tanto onda quanto partícula. Confirmada posteriormente, essa teoria mostrou que a chamada "dualidade onda-partícula" era universal.

Entre 1925 e 1926, Heisenberg e Erwin Schrödinger descobriram as equações matemáticas para a física quântica. E, a partir daí, os conceitos da física clássica têm estado sob a perspectiva de mudança de visão.

Heisenberg estabeleceu também o chamado "princípio de incerteza" ou "princípio de indeterminação" – no qual sugere que nunca somos capazes de determinar ao mesmo tempo e com precisão absoluta a posição e a velocidade de objetos quânticos.

A partir daí, a física quântica passaria a considerar os objetos como possibilidades, não como coisas determinadas. Como os objetos quânticos são ondas de possibilidades que residem em um potencial transcendente, tanto o espaço quanto o tempo, portanto, só se tornam realidades independentes quando os observamos.

O gato de Schrödinger

Fonte: Wikipédia

As consequências da interpretação da probabilidade de posição da função de onda da mecânica quântica se tornaram conhecidas como "paradoxo de Schrödinger". Ele próprio fez ressalvas à sua interpretação. E o exemplo mais emblemático tornou-se conhecido como "o gato de Schrödinger".

Ele supôs que, em uma gaiola, fosse colocado um gato, com um átomo radioativo e um contador Geiger, que serve para medir as radiações ionizantes. O átomo estaria em processo de decaimento previsível. Quando houvesse o decaimento, o contador Geiger acionaria um martelo por meio de cliques e em seguida quebraria uma garrafa de veneno, que mataria o gato. Supondo que existisse uma chance de 50% de tudo isso acontecer em uma hora, de que maneira a mecânica quântica descreveria a situação do gato depois desse tempo?

Se abríssemos e olhássemos dentro da gaiola, facilmente descobriríamos se o gato estava vivo ou morto. Mas e se não o olhássemos? A possibilidade de ele estar vivo ou morto é de 50% – elas são idênticas. Mas o caso é que a matemática da mecânica quântica descreve a situação do gato como meio vivo e meio morto ao mesmo tempo. Ou seja, o gato estaria, matematicamente, dentro daquela gaiola e naquele instante, numa superposição coerente de um gato meio vivo e meio morto.

Claro que, para o nosso senso comum, isso é absurdo – afinal, o gato estaria vivo *ou* morto. Para a mecânica quântica, contudo, ele poderia estar nessa posição aparentemente impossível – daí o termo "paradoxo de Schrödinger". Isso nos revela o quanto a física quântica nos leva em direção a uma realidade bastante distante de nossas asserções deterministas e simplórias. Daí o termo "superposição coerente". O fato é que, quando olharmos dentro da gaiola, o gato estará morto ou vivo. E é o fato de um observador consciente olhar para dentro da gaiola que resolverá o dilema.

Se seguirmos a interpretação de Copenhagen, em que Bohr e Heisenberg tentaram explicar esta "anomalia quântica", veremos que as coisas existem apenas como possibilidades até que a consciência de algum observador as fixe como realidade. E assim, toda existência se desenvolve em torno deste princípio, onde tudo existe apenas como um infinito de possibilidades superpostas até que alguma coisa aconteça e as fixe em um determinado local, tornando-as realidade.

Outra opção de interpretação nasce da ficção científica, onde a matemática de Schrödinger estaria apontando para dois ou mais universos paralelos, onde cada realidade poderia estar disponível para a consciência do observador. Na verdade, o colapso da "função de onda", que fixa uma entre as várias possibilidades, se daria no ato da observação, ou seja, durante o processo da medição.

Como vários conceitos, princípios e propriedades da física quântica foram citados, tanto por seus descobridores quanto pelos demais cientistas, vamos apresentá-los de uma forma didaticamente mais organizada.

Contribuições da física quântica para a visão do mundo espiritual

Postulados científicos e paralelos espirituais

A física quântica estabelece um princípio no qual você interage com tudo o que observa, e consequentemente você altera e pode contribuir com o destino daquela coisa observada.

Como os postulados e as propriedades da física quântica se desenvolveram por meio de experimentos e modelos teóricos, esses enunciados acabaram se estabelecendo. Posteriormente alguns foram refutados, até que experiências e modelos matemáticos os fixaram no corpo da teoria quântica.

Apenas para fins didáticos, vamos fazer uma progressão dos postulados e propriedades. O objetivo aqui nada mais é do que facilitar a compreensão do leitor. Vale a pena ressaltar que eles não estão expostos em ordem cronológica, e muito menos de importância. Foram colocados no texto sem essa preocupação.

Em algumas situações, os conceitos parecem ser repetitivos. Mas o objetivo é esclarecer cada princípio e cada propriedade detalhadamente. E como a teoria tem um corpo integral completo, faz-se necessário recorrer às definições anteriores a fim de acrescentar um postulado a mais.

Postulados da física quântica

Antes de iniciarmos a abordagem sobre as propriedades da física quântica, faz-se necessário estabelecer o que entendemos como "transcendência" e a visão espiritualizada da existência. E também por que os cientistas têm sido compelidos a se confrontar com os conceitos e possibilidades transcendentais.

Alan Guth, cientista do Instituto de Tecnologia de Massachusetts (MIT), afirma que "o vazio primordial era o nada"; destituído de matéria, o vazio seria energia de alta frequência. E completa: "a energia se torna matéria pelas variações súbitas do campo elétrico e magnético (flutuações do vácuo)".

A teoria quântica dos campos estabelece que cada partícula é um campo distinto, se tornando uma entidade física fundamental – ou "vácuo quântico". Nele, as partículas fazem seu movimento contínuo de aparecer e desaparecer, trazendo a ilusão de energia independente. A teoria do campo estabelece também que a realidade subjacente à subpartícula está além da forma – portanto, ela se estende ao vazio. Entender o vazio significa entender que nenhum fenômeno observável pode ter existência própria, assim como tudo que existe, portanto seria irreal e ilusório. "Ou o vazio também depende do vazio", disse Dalai Lama.

O vazio não tem existência própria; ele também não é real. Existe o vazio do vazio e assim por diante. Chegaremos, portanto, à ausência de uma natureza absoluta e independente. Portanto, apenas "algo transcendental ou espiritualizado" pode estar sustentando a existência em sua completude, inclusive o vazio. Nasce daí a necessidade de se encontrar essa realidade subjacente, tanto da forma quanto do vazio. E é essa a possibilidade da "transcendência" ou espiritualidade.

O bóson de Higgs

Em meados de 2012, foi anunciada a criação do gigante acelerador LHC, grande colisor de hádrons e também chamado Large Hadron Collider, do CERN, situado na divisa entre a Suíça e França, cujo objetivo principal é obter dados sobre a colisão de feixes de partículas, na esperança de flagrar algumas das possíveis subpartículas. Dentre elas detectou-se o chamado Bóson de Higgs, uma partícula com grandes chances de ser a tão procurada partícula fundamental da matéria, também batizada como "partícula de Deus" – termo usado como estratégia de marketing, pois na verdade o termo concebido pelo físico Leon Lederman era a "maldita partícula", por ser tão difícil de ser encontrada. Por ocasião da produção de seu livro, que levaria o nome de *Goddamn particle*, porém, o editor substituiu a expressão por "God particle", ou seja, de partícula maldita para partícula de Deus. E o substantivo provém de seu idealizador, Peter Higgs, físico britânico e professor da Universidade de Edimburgo, na Escócia.

Para se compreender o Bóson de Higgs é importante entendermos antes o que é um hádron. Um hádron é uma partícula subatômica com massa e é fortemente interativo. São partículas consideradas "pesadas" em relação às demais. O próton é um exemplo de hádron. O LHC se propõe a realizar uma experiência para recriar as condições que existiam no Universo quando ele tinha um trilionésimo de segundo de existência. No experimento as partículas pesadas hádrons serão aceleradas em sentidos opostos para uma colisão, na qual se espatifarão diante das placas receptoras sensíveis que "coletarão" os resultados para a análise. Muitas partículas serão produzidas nesta colisão, entre elas, a mais importante de todas é o Bóson de Higgs.

A maior façanha dessa descoberta é que, para alguns, ela confirma a teoria da física chamada "modelo padrão" – que descreve as forças fundamentais forte, fraca e eletromagnética.

O bóson de Higgs era a peça que faltava no quebra-cabeça do reducionismo, afirma o professor Marcelo Gleiser, da Universidade de Dartmouth (EUA). E as próximas pesquisas certamente poderão elucidar se ele realmente é uma partícula elementar ou se será composto ainda de partículas menores – embora o modelo padrão seja muito extenso nas suas afirmações e goze de certas dificuldades científicas, que são explicadas pela teoria da inflação que viola certas leis fundamentais. Lembrando que a teoria da inflação cósmica é uma teoria proposta por Alan Guth (1981), que afirma que o Universo no seu momento inicial passou por um crescimento exponencial.

Se as partículas de Higgs forem, de fato, descobertas, o fato confirmará aspectos importantes da teoria, mas não a teoria como um todo, até porque ela tem muitas inconsistências. Além disso, se o modelo fosse completamente validado, ele explicaria apenas 4% de todo o Universo, parcela atualmente conhecida e analisada cientificamente. Portanto, ainda teremos muito que compreender.

A outra grande contribuição é que ela transmite massa às demais partículas, que, pela teoria do modelo padrão, teriam massa zero. O que, claro, se torna inaceitável.

Portanto, com a confirmação da descoberta resolve-se o impasse da ausência de massa das partículas – ou seja, o bóson de Higgs, uma vez em contato, lhes transmite massa.

Para facilitar, vamos fazer uma rápida revisão da estrutura da matéria conhecida até aqui.

Lembre-se do que foi estudado no segundo grau, nas aulas de química e física. Os átomos são constituídos de núcleo e de elétrons. Os núcleos, por sua vez, se formam de prótons e nêutrons, que são formados por "quarks" e léptons. Os quarks, por sua vez, se dividem em três famílias de subpartículas.

Aparentemente, a instabilidade dessas subpartículas faz os cientistas acreditarem que elas poderiam vir a ser formadas por outras partículas ainda desconhecidas.

I. Os princípios da física quântica

Inicialmente veremos os princípios da física quântica e sua inter-relação com a natureza. E também como a teoria se formou e evoluiu.

Embora já tenhamos citado algumas destas propriedades em outras partes do texto, neste bloco o faremos de maneira conceitual e sistemática.

1. Princípio da incerteza

Foi Heisenberg quem postulou o "princípio da incerteza". Ele estabeleceu que, para o mundo das partículas muito pequenas ou subatômicas, os efeitos do mundo macroscópico não funcionavam. Ou seja, as equações da física clássica não eram compatíveis com elas.

O cientista percebeu que, para essas partículas muito pequenas, não era possível se conhecer com acuidade e ao mesmo tempo "a posição e a velocidade" delas, gerando assim o princípio da incerteza.

Os efeitos quânticos se tornam relevantes em escalas de até mil átomos, embora alguns experimentos tenham demonstrado que eles podem também se fazer sentir nas escalas macroscópicas, especialmente nas áreas de supercondutividade e superfluidez.

Mas a manifestação dos efeitos quânticos se estabeleceu pela escala do raio de Bohr.

Com a descoberta de Heisenberg, ficou demonstrado que no mundo subatômico não havia o determinismo apontado pela física clássica; ao contrário, a experiência mostrava que não se podia medir ao mesmo tempo a posição e a velocidade de uma partícula, como dito anteriormente. E que, quando se alcança a primeira, perde-se a segunda. Ou seja, o fato de se obter uma das informações, da velocidade ou da posição da partícula, faz necessariamente perder-se a informação da outra. Dessa forma, perdia-se o domínio do futuro daquela partícula, como chegou a afirmar a física clássica.

Em vez da trajetória estabelecida pela física newtoniana – através do conhecimento da velocidade e da posição de uma partícula, como dito anteriormente –, seu movimento passou a ser descrito por uma função de onda, que é uma função da posição da partícula e do tempo, solução da "Equação de Schrödinger". Ela foi interpretada como uma "medida da probabilidade" de se encontrar a partícula numa determinada posição e em um determinado tempo.

$$H(t)|\psi(t)\rangle = i\hbar \frac{d}{dt}|\psi(t)\rangle$$

Equação de Schrödinger

Na equação acima, i é o número imaginário, $\hbar$ é a Constante de Planck dividida por 2π e o Hamiltoniano H(t) é um operador autoadjunto atuando no vetor de estados.

$|\Psi(t)\rangle$ é o vetor de estados em um tempo (t), (notação de Dirac).

Max Planck também propôs que um corpo possuiria os átomos interligados por molas e que quando se aumenta a sua temperatura, aumenta-se a amplitude de oscilação. Ele percebeu que a energia desses osciladores não assumiria qualquer valor, mas seria sempre múltipla de um valor inteiro mínimo muito pequeno. Esse valor ficou conhecido como um quantum de energia, ou seja, ele percebeu que a energia de qualquer radiação eletromagnética se tornaria proporcional ao comprimento de onda daquela radiação.

O Hamiltoniano representa a energia total do sistema. Assim como a força na segunda Lei de Newton, ele não é definido pela equação e deve ser determinado pelas propriedades físicas do sistema.

Heisenberg, portanto, percebeu que o indeterminismo está intimamente ligado ao Universo e que o presente não determina o futuro. E que eventos podem acontecer sem causas definidas, concluindo, portanto, que o Universo é indeterminado, em sua essência mais básica, nos níveis quânticos. Como vimos, esses conceitos naturalmente "agridem" nossos sentidos normais e a nossa percepção da realidade.

Seria possível sugerirmos aqui que somos cocriadores do nosso futuro?

Seria possível fazermos aqui uma analogia ao princípio da fé trazido por Jesus? Bem quando ele nos disse em Mateus 17:20 que: "se tivermos fé, tudo será possível, inclusive dizer a este monte levanta-te e vai para lá"?

A fé não seria um reforço à possibilidade do "colapso da onda"? Vamos abordar mais adiante como esses dois princípios parecem apontar para a mesma realidade – apenas vistos de óticas diferentes: um pela ótica da ciência, outro pela ótica da espiritualidade.

Uma vez que estamos debaixo do princípio da incerteza, não temos determinismo ou predestinação. Podemos, portanto, construir nosso futuro. É verdade tanto do ponto de vista comum, expressado pelo adágio "o futuro a Deus pertence", quanto do ponto de vista de que "nossas decisões de hoje definem nosso futuro".

Quando penetramos o mundo subatômico e descobrimos como funciona a indeterminação das partículas, podemos deduzir que, sem dúvida, a existência humana se estabelece através apenas de possibilidades. Será nossa escolha e nosso trabalho que destinarão o caminho que tomamos. Seremos totalmente responsáveis pelas escolhas que fizermos e suas consequências.

Podemos, portanto, encontrar pessoas que gozam de uma grande regalia no presente, como grandes heranças familiares, serem jogadas no infortúnio da pobreza por suas decisões erradas. Assim, nem o presente nem o passado necessariamente determinam o futuro!

O próximo item a ser mostrado é a chamada "propriedade da dualidade".

2. Propriedade da dualidade "onda-partícula"

O físico alemão Max Born percebeu que, quando se emite um fóton (uma pequena partícula de luz) sobre uma fenda, ao chegar ao destino – uma parede, por exemplo –, ele se comporta tanto como onda quanto como partícula.

Essa constatação trouxe à luz o conceito da natureza dupla das partículas subatômicas, que se comportam simultaneamente como ondas e como partículas. Isso pôs fim à especulação que permanecia desde a época de Newton a respeito da natureza da luz – a de que ela poderia ser feita de partículas.

A conclusão da física quântica gerou um novo enfoque sobre o mundo subatômico e definitivamente abriu as portas para uma nova percepção a respeito do Universo, fugindo mais ainda dos postulados da física clássica newtoniana.

Se os fótons e as partículas se comportam dualmente, então a natureza intrínseca da matéria também é energia. Somos apenas uma onda de energia mais condensada, que depende de sua frequência.

Essa conclusão reforça, portanto, o entrelaçamento do binômio "matéria-energia".

3. Propriedade da escolha induzida

Ficou evidente também, por ocasião da experiência de Bohr, que o observador, quando interage com o objeto, o induz. Ou seja, ele interfere no experimento. Daí o termo "escolha induzida", usado por Stephen Hawking.

Não é possível a observação sem interação e, consequentemente, a participação no processo. Niels Bohr postulou ainda que "o observador e o Universo estão de tal forma interligados que algumas partículas nem sequer existiam antes da observação".

Como já foi dito: é impossível determinar a posição e a velocidade eletrônicas das partículas, como nos afirmava anteriormente a física clássica. O que podemos ter é apenas uma probabilidade, definida por uma equação (formulação) de outras probabilidades, de encontrar a partícula tanto aqui quanto ali. E ela é intrinsecamente definida pela participação do observador, conforme explicado anteriormente.

Os cientistas reconhecem que, quando se faz essa medição, na realidade está se obrigando a partícula a revelar suas propriedades. É o processo da interação com o observador que lhes estabelece um valor.

É o que se chama "colapso da onda", ou seja, quando o observador consciente interage com o Universo, "obriga" as ondas de probabilidades a se definirem por uma opção.

Isso nos leva a refletir sobre a virtualidade e dualidade da realidade.

A busca pela compreensão do Universo visível e físico nos mostra que, sem um observador inteligente, não existe realidade. E isso nos leva a perguntar sobre em que lugar se forma essa realidade. No cérebro ou na mente? Isso é muito distante da conclusão da Física Clássica – de que o Universo existe independentemente de qualquer observação. Como disse Einstein, "a mata e a árvore sempre estarão lá", mesmo que não haja alguém para observá-las.

O problema ainda se estende: a mata e as árvores, inclusive com suas cores, apenas são vistas e percebidas por seres com inteligência e capacidade cognitivas de formação de imagens mentais, devido aos reflexos dos raios de luz em seus cérebros. Os raios, que constituem as cores, por exemplo, obedecem aos "comprimentos de ondas", percebidos apenas por determinados olhos – entre os quais, "coincidentemente", estão os nossos.

Portanto, volta-se ao observador.

Hoje a física quântica ainda caminha nessa direção, e a maioria dos físicos admite que a teoria básica da escolha induzida é uma realidade.

É interessante também observar que parece que "estamos aqui neste Universo para construir a realidade". Nesse quesito, a física quântica e a fé são congruentes. Elas enxergam a mesma verdade, apenas sob óticas diferentes. Ambas trazem à luz a construção do Universo pela fixação no plano imaterial, quântico ou espiritual. Na linguagem da física quântica, dá-se o "colapso da onda"; na linguagem da fé, a "materialização do milagre". A manifestação do fenômeno, portanto, é inquestionável. Podemos vê-lo e reconhecê-lo através dessas diferentes óticas.

A próxima propriedade é chamada de "propriedade do emaranhado".

4. Propriedade do emaranhado ou propriedade quântica da não localidade de elementos distantes

O emaranhamento quântico é um fenômeno que diz o seguinte: dois ou mais átomos que estejam separados espacialmente interagem de tal forma que a descrição de cada um deles de forma individual não é possível se a presença do outro não for levada em conta. Isso significa que as propriedades físicas observáveis dos objetos estão fortemente correlacionadas, mesmo eles estando separados espacialmente.

"O emaranhamento figura como a mais marcante característica da teoria quântica, que a distingue da teoria clássica", afirma o professor Fredson Braz Matos dos Santos, em sua tese de doutorado *Padrões de emaranhamento e efeitos de topologia em aglomerados de spin quânticos*. Ele afirma ainda que "são correlações que podem existir mesmo entre sistemas completamente isolados entre si, sem interação direta nem comunicação clássica entre eles, o que contraria diretamente a ideia de realismo local".

Matos dos Santos mostra ainda a evolução dessa teoria, iniciando por Einstein e chegando à comprovação pelo experimento de Bell, "em que um conjunto de desigualdades que podiam testar a existência destas correlações não locais na natureza foi estabelecido". Posteriormente, experimentos foram realizados e comprovados em laboratório, provando assim a existência do emaranhado. O professor declara ainda que "não seria exagero afirmar que o emaranhamento é tão relevante para a teoria da informação quântica atualmente como a energia é para a termodinâmica". E acrescenta ainda que "muito esforço tem sido feito com o intuito de gerar e controlar estados quânticos com quantidades específicas de emaranhamento. Tal tarefa não é fácil, mas tem sido possível encontrar alguns procedimentos para realizá-la, ainda que de forma limitada".

A consciência e a realidade

O físico Amit Goswami escreve em seu livro *O universo autoconsciente*: "O realismo materialista não é parâmetro para o que é real, mas sim a consciência." Goswami escolhe como escola preferida o idealismo monista, que, em vez de postular que tudo (inclusive a consciência) é constituído de matéria, mostra que a mesma nasce da consciência e que é manipulada por ela.

Ele afirma que a realidade da matéria é secundária à da consciência. Os físicos explicam fenômenos, mas a consciência não é um fenômeno. O que ela seria então? No senso comum, entendemos que tudo que existe no Universo, exceto Deus, é um fenômeno. Isso incluiria o homem e a sua consciência. Para os que acreditam em uma entidade superior, Ele não é um fenômeno, e nem mesmo quântico, porque para isso ser verdade, a consequência seria a existência de um alguém maior do que Deus, um experimentador para "medir" o fenômeno Deus! A lógica da mecânica quântica assim o exige. Goswami diz que "tudo é um fenômeno derivado da consciência".

O físico elabora sua tese da existência do mundo transcendental por meio da física quântica. Tomemos como exemplo o caso do salto quântico, quando um objeto quântico deixa de existir aqui e simultaneamente passa a existir ali, como na "propriedade da superposição", sem ter atravessado o espaço entre o aqui e o ali. O que seria isso? Fantasia? Não! É ciência. Ou como no exemplo do "colapso da onda", quando um objeto quântico só é perceptível como uma partícula no espaço-tempo porque o observamos – e quando o observamos, o modificamos e lhe damos forma. A onda entra em colapso, passa a existir de uma forma ou em uma direção diferente, talvez da forma desejada, compreensível para nós. O objeto existiria se não o tivéssemos observado?

Um objeto quântico, quando observado, influencia simultaneamente seu objeto gêmeo correlato, caso, por exemplo, de partículas ou elétrons emparelhados e posteriormente separados – pouco importando a distância que os separa.

Experiência feita pelo físico Alain Aspect e seus colaboradores em Orsay, na França, confirmou a ideia da transcendência na física quântica. No caso de correlacionarmos dois objetos quânticos, se medimos um deles – produzindo obviamente o colapso de sua função de onda –, a outra função de onda entra também instantaneamente em colapso, mesmo a uma distância macroscópica, mesmo sem nenhum sinal para mediar sua conexão. O nome técnico dessa propriedade da comunicação sem sinal é "não-localidade".

Amit diz que CONSCIÊNCIA ("ver sem a consciência de ver", ou seja, captar ondas fora do espectro da percepção) é diferente de PERCEPÇÃO (a consciência de ver).

Os objetos materiais (uma bola) e os objetos mentais (como pensar em uma bola) são os dois objetos na consciência, de modo que um não existe sem o outro. O fato é esse: o Universo só existe se percebido.

Quantas vezes você só foi perceber a existência de algum objeto depois de ser chamada a sua atenção? Isso quer dizer que vemos o que existe porque a nossa visão faz o objeto existir. A consequência desta propriedade foi tão surpreendente que Einstein a chamou de "ação fantasmagórica à distância". Ele assinalou que, se isso fosse possível, poderíamos emparelhar duas partículas e separá-las posteriormente a qualquer distância – e tudo que ocorresse com uma afetaria imediatamente a outra. Essa propriedade tem sido confirmada muitas vezes por várias experiências, por incrível que pareça.

Somente por curiosidade, para se "emparelhar" estas partículas, precisamos dar a elas propriedades, como *momentum*, por exemplo. Mas, ao fazer isso, a outra partícula tem que receber valores complementares, em uma fração de segundos tão pequenos que praticamente seria "ao mesmo tempo". Ora, se isso acontecesse, então a comunicação entre elas seria superior à velocidade da luz, criando assim uma incompatibilidade com a teoria da relatividade geral, que estabelece que nenhuma comunicação pode ter velocidade maior que a velocidade da luz. Nesse ponto a mecânica quântica tem se incompatibilizado com a teoria da relatividade.

No emaranhamento quântico, portanto, não há a "comunicação" entre as partículas no sentido da transmissão do sinal, da informação; a informação é não localizada. Ela fica no sistema físico geral, não necessariamente nas partículas individualmente. Não podemos dizer que a informação sai de uma partícula e chega à outra.

5. Propriedade da superposição

Percebeu-se também pelos experimentos que as partículas como os elétrons, por exemplo, quando saltam de suas camadas orbitais, o fazem de forma descontínua e desorganizada. Elas saem de uma órbita determinada e "aparecem" em outra, de forma descontínua. Elas não obedecem a um movimento padrão. Estão aqui e ali quase ao mesmo tempo. Essa propriedade estabelece que uma partícula possa saltar níveis de forma descontinuada sem passar pelos níveis intermediários. Elas não obedecem ao princípio da continuidade, como se imaginava anteriormente.

O físico neozelandês Ernest Rutherford postulou o mesmo modelo para o átomo que o usado para os satélites de um planeta. Ou seja, os elétrons giram em volta do núcleo, de forma harmônica e sincronizada. E saltam de camadas externas para as camadas internas passando pelas intermediárias, liberando energia. Este modelo foi confrontado e mostrou-se experimentalmente inadequado. Ao liberar energia, indo de um estado a outro, a partícula opta pela "superposição".

Do ponto de vista da física clássica, os corpos não podem jamais agir de forma descontínua, especialmente em dois lugares ao mesmo tempo. Isso soa como uma agressão aos nossos sentidos, mas é o que acontece com a partícula no nível subatômico.

A superposição nos mostra que a posição física não tem todo o poder imaginado. Enquanto em nosso mundo físico macroscópico ela nos separa, impondo-nos grande sacrifício para vencê-la, no mundo subatômico ela não existe.

Ela simplesmente faz parte de um todo. Estar aqui e lá ao mesmo tempo faz parte de sua natureza e propriedade. O conceito de distância, consequentemente, se desfaz. E leva-nos ao mundo do "impossível".

6. Princípio da escolha retardada ou dupla fenda

Essa propriedade, também conhecida como experiência de Thomas Young, foi fundamental para a determinação da natureza quântica. Ela também revelou mais uma contradição entre as leis da física clássica, teoria aceita na época, com os experimentos realizados. Enquanto se apontava para o determinismo, em decorrência das equações de Newton, os experimentos realizados apontavam para o indeterminismo quântico.

Para explicá-la, usamos as palavras de Stephen Hawking e Leonard Mlodinow: "a partir da experiência da dupla fenda, as partículas passam e chegam ao seu destino antes da decisão que elas tomaram" – daí o nome "escolha retardada".

Neste Universo subatômico regido pelas leis da mecânica quântica, a energia pode expressar-se a si mesma tanto como onda quanto como partícula. É a consciência do observador que determina como essa energia vai se comportar.

Segundo Gregg Braden, geólogo e pesquisador norte-americano, as equações da física quântica não descrevem a existência real das partículas – ou seja, as leis não podem nos dizer onde as partículas estarão e como se comportarão. Para Braden, elas somente descrevem o potencial para a existência das partículas, isto é, onde elas podem estar e como elas poderiam se comportar e quais propriedades poderiam ter. É o princípio da "livre escolha" ou "livre arbítrio".

A física quântica, portanto, afirma, com base na lei da possibilidade, um universo de opções que se torna real a partir do ato da observação.

Vejamos o experimento da dupla fenda, feito em 1909 por Geoffrey Ingram Taylor. Nele, o cientista construiu duas paredes com duas fendas.

Percebeu-se que, quando um elétron passa através de uma barreira com uma única abertura, ele se comporta como esperaríamos que se comportasse – ou seja, como partícula.

Porém, quando se abre uma segunda fenda, ou brecha, o incrível acontece. Ele atravessa as duas fendas ao mesmo tempo, como apenas uma onda seria capaz de fazer. Isso é chamado pelos cientistas de "anomalia quântica".

A única explicação para isso é que a segunda abertura, de alguma forma, força o elétron a se mover para seu lado, como se fosse uma onda. Embora chegue ao seu destino como uma partícula.

Portanto, o elétron "percebe" que existe uma segunda fenda à sua disposição, como se tivesse "consciência".

Mas, como se presume que o elétron não possui nenhuma forma de conhecimento, concluímos que o fato de o elétron perceber que existem duas seções a sua disposição não está nele, mas na mente do observador. Ou seja, é o ato de observar que determina o seu percurso.

Como visto anteriormente, a experiência trouxe à luz o conceito da dualidade "onda-partícula", mas foi além. Ela revelou que há a possibilidade para esse universo das partículas subatômicas de decidirem após sua chegada. Daí o termo escolha retardada.

A Interpretação de Copenhagen

A primeira das interpretações é a de Niels Bohr e Werner Heisenberg, do Instituto de Física de Copenhagen, na Dinamarca. O trabalho que eles desenvolveram tentava explicar a "anomalia quântica" e tornou-se conhecido como a Interpretação de Copenhagen.

De acordo com Heisenberg e Bohr, o Universo existe como um número infinito de possibilidades e pressupostos. Eles se encontram numa espécie de sopa quântica, sem ter uma localização precisa, até que alguma coisa aconteça e fixe essas possibilidades em um determinado local. Portanto, segundo eles, essa "alguma coisa" poderia ser a consciência do observador – ou seja, quando olhamos para alguma coisa por meio de aparelhos científicos, tal como um elétron se movendo através da fenda de uma barreira, o próprio ato de observar transforma uma das possibilidades quânticas em realidade. Nesse momento, tudo que vemos é a versão do que nós estamos focalizando.

Outra interpretação proposta foi a chamada Interpretação de Muitos Mundos (IMM), que veremos a seguir.

Interpretação de Muitos Mundos

A Interpretação de Muitos Mundos (IMM) surgiu como um contraponto à Interpretação de Copenhagen para o experimento da "dupla fenda".

Pela interpretação de Copenhagen, há o "colapso de onda", quando as partículas de luz, ou outras quaisquer, são conduzidas pela dupla-fenda.

O colapso de onda se dará sobre o comportamento da onda, que uma vez observada, torna-se partícula. Interpretação esta considerada artificial e *ad hoc* na época.

Consequentemente, esperava-se uma interpretação opcional, na qual a medição fosse entendida como um princípio físico fundamental. Foi nesse contexto que o físico norte-americano Hugh Everett, da Universidade de Princeton, lançou sua teoria, como tese de doutorado. Embora ele mesmo não tenha usado o termo "Interpretação de Muitos Mundos", este foi adotado posteriormente pelo físico Bryce DeWitt, que acrescentou algumas ideias à tese de Everett.

Everett propôs a existência de uma função de estado para todo o universo, que obedece à equação de Schrödinger em todo o tempo e para a qual não há o processo do colapso de onda. Esse estado universal seria uma sobreposição quântica de infinitos estados de idênticos universos paralelos não comunicantes.

Observe que há a proposta de uma equação que regeria todo o Universo, que inclui aqui os mundos macro e micro. Mas essa é uma teoria que não foi provada, visto que não existe a função de estado universal. O pensamento é, de fato, aceito por muitos cientistas, mas não significa que é a teoria final. Falta a prova científica, quando aplicada ao macrocosmo!

Para a IMM, a um sistema composto (onda-partícula e um observador, por exemplo) não se pode associar um estado bem definido, um subsistema. Daí surgiu a hipótese de um subsistema em relação ao outro. A interpretação IMM tem sido aceita por um número respeitável de físicos, inclusive com maior aceitação que a interpretação de Bohr.

A teoria foi bastante apoiada por abordar aparentemente mistérios do mundo quântico de modo semelhante. Ela sugere que em um determinado instante existe um número infinito de possibilidades ocorrendo, e todas elas já existem e estão acontecendo simultaneamente. A diferença entre sua percepção em relação à interpretação de Heisenberg e Bohr é que cada possibilidade acontece em seu próprio espaço, que não pode ser visto por outros. Os espaços únicos são chamados de "universos alternativos".

Supostamente viajamos ao longo do tempo em um universo de uma única possibilidade; e, de vez em quando, fazemos uma "dobra quântica" em outra possibilidade de um universo diferente. A partir dessa perspectiva, uma pessoa poderia estar vivendo uma vida de doenças e infecções e, mediante uma mudança no foco, repentinamente, se encontrar "milagrosamente" curada, enquanto o mundo em torno dela pareceria ser o mesmo de antes.

Para Gregg Braden, a interpretação de Everett indica que nós existimos em cada um desses universos alternativos. Ao levarmos tudo em consideração, poderíamos viver todos os sonhos e cada uma das fantasias que pudéssemos imaginar. Para alguns proponentes dessa teoria, é como se dormíssemos à noite, e nossos sonhos nada mais fossem do que o resultado de relaxarmos o foco que nos mantém presos a essa realidade – o que nos possibilita viajar para outros mundos e outras possibilidades paralelas. Vemos, portanto, que os experimentos e as conclusões teóricas que moveram a física quântica nos levam a uma naturalização com o princípio invisível de um universo, ou universos, disponíveis além da realidade material e concreta em que vivemos. Esse princípio é extremamente próximo ao conceito de Mundo Espiritual, estabelecido na vida cristã e muitas outras religiões do mundo.

A Experiência da Dupla Fenda, portanto, trouxe a física quântica a uma nova dimensão da percepção da realidade.

A realidade

Do ponto de vista físico, químico e biológico, a existência nada mais é do que uma série de circuitos precisos que chega à perfeição, que nos leva à consciência da realidade e a uma interação com ela, por meio de inteligência – algo de grandeza fenomenal, cujo valor nem sabemos apreciar.

Para Stephen Hawking e Leonard Mlodinow, em seu livro O *grande desígnio* (Gradiva, 2011), não há nenhum conceito de realidade independente de uma visão ou de uma teoria. "Adotaremos a perspectiva daquilo que chamaremos de realismo dependente do modelo: a ideia de uma teoria física ou uma visão do mundo é constituída por um modelo (geralmente de natureza matemática) e por um conjunto de regras que ligam os elementos desse modelo às observações. Esta abordagem fornece um quadro com o qual podemos interpretar a ciência moderna."

Desde Platão, os filósofos debatem a respeito da natureza da realidade. A ciência clássica baseia-se na convicção de que existe o mundo real externo, cujas propriedades são definidas e independentes do observador que as apreende. São propriedades físicas, bem definidas, como velocidade, massa e momento, entre outras. E, nessa perspectiva, as teorias são tentativas de descrever esses objetos e suas propriedades, bem como suas medições e a percepção correspondente ao seu modelo.

Hawking e Mlodinow entendem que tanto o observador quanto o observado fazem parte de um mundo que tem uma existência objetiva e distinta entre eles. Essa convicção de que existem observadores distintos, que poderão perceber e medir as diferenças de propriedades, é chamada de "realismo" na filosofia.

Por outro lado, segundo os princípios da física quântica, uma partícula não tem posição nem velocidade definidas até o momento em que essas quantidades são medidas ou percebidas por um observador. Por consequência, não é correto afirmar que uma medição dá um resultado preciso, porque a quantidade a medir tinha esse valor no momento da medição.

Na verdade, em alguns casos, nem sequer há uma existência independente da realidade, subsistindo apenas quando percebida em um conjunto. Caso o princípio holográfico venha a se confirmar, a teoria do princípio holográfico determinará que nós e o nosso mundo, de quatro dimensões, poderemos ser sombras na fronteira de um espaço/tempo mais vasto, de cinco dimensões, por exemplo. Nesse caso, nosso estado no Universo será análogo à experiência de um peixinho preso num aquário de bordas côncavas. Para ele, a realidade é infinita, mas ilusória. É apenas a percepção dos olhos do peixe que dilata o limite do seu aquário, mas a sua barreira está bem ali à frente.

Para Hawking e Mlodinow, muitas teorias científicas que se revelaram bem-sucedidas foram depois substituídas por outras também bem-sucedidas, baseadas em concepções de realidade inteiramente novas. Portanto, existe uma grande diferença entre conhecimento empírico e conhecimento teórico. No livro *O grande desígnio*, a dupla de cientistas escreveu que a observação e a experimentação são importantes, mas as teorias são instrumentos úteis, e que não materializam qualquer verdade mais profunda subjacente aos fenômenos observados. "Alguns antirrealistas quiseram restringir a ciência às coisas que podem ser observadas, por isso, muita gente, no século XIX, recusou a ideia de átomo, com a justificativa de que não se poderia ver um."

Em seu livro *Conceito de Física, Volume I*, Osvaldo Pessoa Junior relata que, nos últimos meses de 1926, o problema de interpretação da mecânica quântica era o tema central das conversas entre Bohr e Heisenberg. Heisenberg morava no último andar do Instituto Niels Bohr e com frequência era visitado por Bohr a altas horas da noite, para discutir seu trabalho e suas divagações. Veja o que Heisenberg fala sobre essa experiência, conforme relato de Hawking e Mlodinow:

> Nós construímos todo tipo de experimento imaginário para ver se entendíamos a teoria; ao fazer isso, percebemos que nós dois estávamos tentando resolver as dificuldades de maneiras diferentes. Bohr procurava permitir a existência simultânea dos conceitos de partícula e onda,

> defendendo que ambas, apesar de mutuamente exclusivas, eram juntamente necessárias para uma descrição completa desses processos atômicos. Eu não gostava dessa abordagem, queria apenas o fato de que a mecânica quântica como a conhecíamos, então, já impunha uma interpretação física única para algumas grandezas que nela corriam.

Mais tarde, Heisenberg aceitaria que tanto a linguagem corpuscular quanto a linguagem ondulatória seriam necessárias para descrever os objetos quânticos – posição adotada por Bohr desde o início.

Bohr usou pela primeira vez a palavra "antirrealista" ou positivista para definir que uma realidade independente no sentido físico ordinário não pode ser atribuída nem aos fenômenos, nem aos agentes da observação. Portanto, ele parece negar que o mundo físico tem uma existência independente do observador. Dessa forma, inicia-se a semente da compreensão do Universo complementar ou interativo. Mais uma vez, Bohr estabelece que os conceitos da física clássica são necessários para interpretar os resultados experimentais, mas que são limitados para descrever os fenômenos atômicos.

Assim, os conceitos da mecânica quântica, como a "descontinuidade" ou superposição de altos estados associados a um observável, não podem ser aplicados aos aparelhos macroscópicos, enquanto eles não são usados na medição.

A ciência e a transcendência

Os efeitos do impacto das teorias e postulados da física quântica trouxeram de volta o conceito do transcendente como um caminho para as "perguntas últimas" sobre o Universo. A proximidade das propriedades com a espiritualização levou-nos novamente a certa ambientação com o transcendental e a metafísica.

Você pode imaginar profissionais paranormais trabalhando como "visualizadores" de acidentes passados na NASA ou no FBI?

Pois a física e paranormal Barbara Ann Brennan, que trabalhou na NASA e hoje se tornou conferencista e terapeuta espiritual, escreveu em seu livro *Mãos de luz*:

> "Não foi por acaso que comecei estudando física, depois para conselheira física, depois para conselheira e só depois me transformei em curadora (sic). Todos esses estudos me prepararam para o trabalho de minha vida. Os estudos de física me proporcionaram uma estrutura de fundo, com a qual me foi possível examinar a aura."

Ela conclui:

> Na verdade, eu nem pensava em ser curadora (sic) quando fui trabalhar para a NASA. Nunca ouvira falar nessas coisas nem sentia interesse algum por doenças. Só me interessava o modo com que o mundo funcionava, o que o fazia pulsar. Eu procurava respostas em toda parte. Esta sede de compreensão tem sido um dos mais poderosos agentes que me guiaram em todo o correr de minha vida. De que você tem sede? Por que anseia? Seja como for, a sede e o anseio o levarão ao que você precisa fazer para realizar o seu trabalho, mesmo que ainda não saiba que trabalho é esse.

O estudo do mundo paranormal está inclusive em grandes universidades brasileiras, como a Universidade de Brasília (UnB), que possui um núcleo de estudo de fenômenos paranormais (UNFP) e já promoveu cursos de Transcomunicação Instrumental – que estuda a comunicação entre vivos e mortos através de aparelhos eletrônicos.

Em seu livro *Espírito entre nós*, o médium James Van Praagh, que defende a "transcomunicação" como forma de ciência, desenvolveu alguns métodos de "comunicação científica" entre as entidades e os seres humanos.

O que isso significa? Significa que essas participações espiritualizadas e paranormais têm sim um lugar de reconhecimento do ponto de vista científico.

Embora as participações paranormais não sejam um consenso entre as religiões como o melhor e mais seguro caminho para o acesso à espiritualização – especialmente para o cristianismo –, elas já foram reconhecidas pela ciência. São práticas que atuam num eixo paralelo ao do pensamento científico, porém não menos importante do que ele.

Como disse Paul Davies, no livro *A mente de Deus*: "Existe uma certeza entre os cientistas não religiosos de que há algo além da realidade superficial cotidiana, algum sentido por trás da existência." Veremos a seguir que, em suas palavras, enquanto a ciência consegue penetrar no âmago da natureza e explicar "como" o Universo funciona, somente a fé e o transcendente podem explicar "para quê" o UNIVERSO, tão belo, perfeito, misterioso e assombroso, foi criado, dando consequentemente um propósito à existência.

Grande parte dos cientistas e físicos ainda se sente mais confortável com uma abordagem materialista e ascética. Mas, sem dúvida, todos concordam que a precisão e a coerência do funcionamento das leis físicas neste Universo único refletem uma causa além do véu da realidade material e cotidiana.

Falando sobre a posição religiosa dos físicos e cientistas, que recentemente contribuíram com as teorias científicas, mais especificamente as leis da física quântica, Davies ressalta que "Heisenberg, Schrödinger, Bohr e vários outros nomes aceitavam sem vacilação o aspecto da transcendência e inclusive creditavam a ela o fato de algumas de suas teorias saltarem da metafísica para a física e desta para suas teorias coerentes".

O que vemos hoje, portanto, é algo que vai muito além de alguns artigos sobre reconciliação entre fé e ciência – trata-se de uma tendência com diversas abordagens, em inúmeras publicações.

Na questão da transcendência, é necessário afirmar que é grande o número de cientistas que, como Davies, concluíram "que o *Homo sapiens* provavelmente não pode chegar ao fundo de tudo". Embora estejam dispostos a trilhar o caminho da racionalização e da busca pelo pensamento científico até o fim, se existe alguma esperança de encontrar uma luz para a compreensão do propósito maior da existência, a luz deve vir da transcendência para a racionalidade.

O que admiramos hoje é que, não obstante este salto do mundo da razão para o mundo da percepção extrassensorial, as escolas científicas ainda relutam em abordá-lo coerentemente, em especial nos ensinos básicos.

É difícil encontrar algum professor de ciências do ensino médio disposto a usar, para um enfoque amplo do assunto, a visão total, que vai além das teses deterministas e materialistas da física clássica – isso apesar de "a maior de todas as virtudes do método científico ser sua honestidade intrínseca", como Davies escreveu. A ciência hoje, portanto, não se mostra totalmente isenta: existem infinitos casos de exemplos ambíguos e contraditórios sobre os quais teses são sustentadas, muito tempo depois de terem sido desacreditadas.

Embora nem todos tenham aceitado, esse foi o maior e mais profundo golpe que os enunciados da física quântica trouxeram sobre a visão materialista científica, em benefício da transcendência e da espiritualidade.

Seguindo a coerência desta linha de raciocínio, vamos mergulhar nos pensamentos de diversos destes autores científicos e acompanhá-los em seus ensaios e suas abordagens. Caminhando com eles no desenvolvimento de suas ideias, entenderemos o porquê de suas conclusões científicas estarem voltadas ao mundo da espiritualização transcendental.

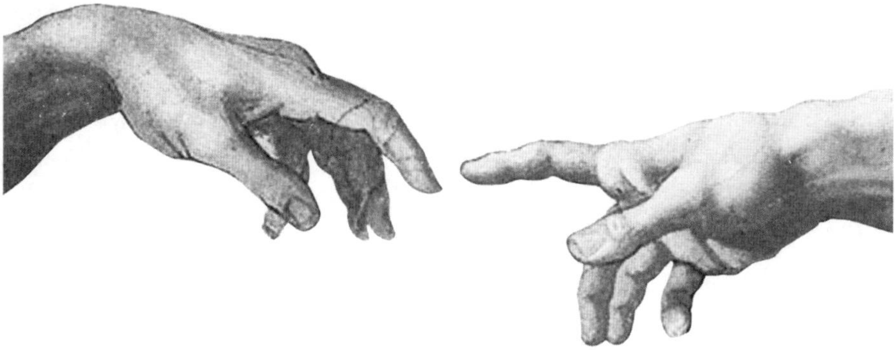

PARTE II

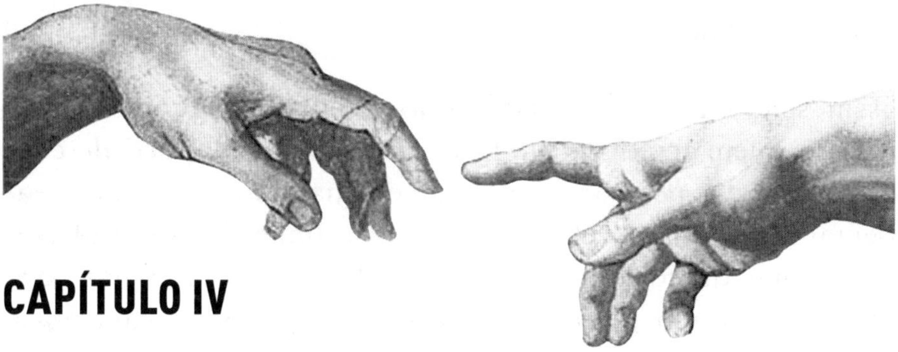

CAPÍTULO IV

AS VISÕES DE MUNDO PELOS CIENTISTAS

Na efervescência do pensamento científico, novas teses, visões e proposituras foram surgindo no começo do século XXI – algumas contra e outras a favor de uma realidade além da matéria como um componente básico do Universo. Um dos mais respeitados ensaios foi o livro *A linguagem de Deus*, do renomado biólogo e geneticista Francis Collins, diretor do projeto Genoma.

A obra trouxe inegável contribuição para a reconciliação entre a ciência e a fé. Nela, Collins analisa diversos depoimentos de cientistas – e, do alto da sua posição e experiência, detalha alguns assuntos fundamentais, facilitados por sua posição explicitamente cristã.

Outra contribuição veio através do ensaio *O gene de Deus*, no qual Dean Hamer apresenta a teoria de que a evolução dotou o homem de uma capacidade genética para acreditar no transcendente e no sobrenatural – o que, para o autor, seria o chamado "gene de Deus". Hamer acredita que a evolução preparou o homem para o sobrenatural e o transcendental. Embora ateu, o cientista afirma que o homem foi criado para crer;

assim sendo, em toda a história do desenvolvimento da humanidade, quem acreditou em Deus viveu melhor. De acordo com ele, a vida das pessoas é bem melhor quando uma fé transcendental se apresenta. Hamer transpôs a linha do materialismo ao afirmar que o homem tem a predisposição biológica para acreditar em um poder sobrenatural e que isso o capacita a viver mais e melhor.

Do ponto de vista da biologia, esses dois ensaios, incluindo os estudos do genoma e aliados às conclusões e experiências da mecânica quântica, levaram a ciência a perder sua posição assertiva e determinista de que o mundo era feito apenas de matéria visível e que o Universo havia se autocriado. A ciência, portanto, começa a desvendar o mundo invisível. E o importante nesse ponto é mostrar que, cientificamente, do início do século passado para cá, algo novo surgiu no horizonte com a descoberta das partículas subatômicas e seus efeitos.

Como conclusão dessas experiências, tivemos uma percepção muito mais clara do mundo e do Universo. Do ponto de vista da física, a matéria é composta de partículas subatômicas que são regidas por leis da natureza, que atuam na dimensão deste mundo subatômico. A mecânica quântica "abriu a porta" para termos acesso a certos comportamentos e fenômenos que acontecem naquela escala – ainda que existam muitas "coisas" a serem desvendadas neste referido mundo pela ciência.

Outros ensaios lançados recentemente buscam traduzir e conceituar o avanço desses conceitos, tanto da ciência quanto da fé e da espiritualidade. Veremos por exemplo, a contribuição de Amit Goswami, doutor em física nuclear, pesquisador e professor titular por 32 anos na Universidade de Oregon, nos Estados Unidos. O físico mostra em seu livro *O ativista quântico* que Deus não está morto, colocando em xeque o determinismo e o materialismo científico. E mostra que aquilo que até então servia de base para a ciência tem sido profundamente abalado pelas descobertas da física quântica.

Temos também a contribuição de Danah Zohar, graduada em física e filosofia e palestrante mundialmente reconhecida. Em seu livro *O ser quântico*, ela afirma categoricamente que a análise materialista da física clássica não consegue responder aos anseios da nossa realidade humana ou à exigência da coerência quântica. Danah esclarece que a relação realidade/objeto passa necessariamente pelo observador e sua consciência, abrindo, portanto, uma nova dimensão para a busca de conceitos que possam responder a tais questionamentos.

E falaremos ainda das experiências de Masaru Emoto, formado pela Universidade Municipal de Yokohama e certificado em Medicina Alternativa pela Universidade Open International. Masaru estudou os conceitos de água em microclusters, ou seja, sua estrutura atômica, e a tecnologia de Análise de Ressonância Magnética – e assim começou sua busca dos mistérios da água, relatados em seu livro *As mensagens da água*. Na obra, Emoto fala das reações de moléculas de água captadas por microscópios de alta resolução, interpretadas como reações do mundo microscópico ao contato com o mundo macroscópico.

Veremos ainda o pensamento de cientistas renomados como Stephen Hawking, traduzidos em livros como *O grande desígnio* e *Uma breve história do tempo*. Analisaremos como Hawking interage com a possibilidade das teorias científicas que incluem um agente causal do sistema.

Abordaremos também as teses de Michio Kaku, físico teórico americano, professor e cocriador da teoria de campos de cordas. Kaku formou-se como bacharel em física pela Universidade de Harvard em 1968 e atualmente é professor da Universidade de Nova York, além de autor de vários artigos sobre a teoria das cordas, a supergravidade, supersimetria e hádrons. Tem diversos livros publicados, como *Hiperespaço*, *A Física do impossível* e *Mundos paralelos*.

Estudaremos também os trabalhos de Gregg Braden, autor best-seller do *The New York Times*, que tem sido convidado de destaque em conferências internacionais e em programas e matérias especiais da mídia, abordando sempre o papel da espiritualidade na tecnologia. A partir de seus livros, entre eles *O efeito Isaías*, *A matriz divina* e *O código de Deus*, Braden aventura-se a ultrapassar os limites tradicionais da ciência em busca da espiritualidade.

Por fim, abordaremos as descobertas de Herb Gruning, Ph.D. em filosofia da religião pela McGill University, de Montreal, no Canadá, e autor de *Deus e a Nova Metafísica*. Desde sua graduação, Gruning dá palestras e ministra cursos em várias instituições do Canadá e dos Estados Unidos abordando especialmente o tema ciência e religião.

Veremos ainda os conceitos de David Bohm, um dos pioneiros da física quântica, e acompanharemos as abordagens de Paul Davies, em um dos mais belos e coerentes textos sobre física quântica, intitulado *A mente de Deus*; também faremos a análise do artigo do professor Antônio Delson de Jesus sobre o diálogo da ciência e a Teologia na perspectiva dos modelos cosmológicos. E ainda passaremos por Tipler, Schrödinger, Lawrence Krauss e outros.

Vamos a eles, então.

1. Francis Collins

A meu ver, até hoje, ninguém fez uma defesa imparcial tão clara, objetiva e brilhante sobre os postulados científicos e a contribuição da fé e da espiritualidade como Francis Collins, em seu livro *A linguagem de Deus*.

Começando a faculdade pelo curso de física, migrando posteriormente para o curso de biologia, na Universidade de Yale, Collins afirmou que, no início do século XX, a maioria dos cientistas admitia a ideia de um Universo sem começo nem fim. Isso traria alguns paradoxos físicos, como a forma pela qual o Universo permaneceu estável, sem entrar em colapso por causa da força gravitacional. Ele cita Hawking com a conclusão inequívoca de que o Universo iniciou-se com o Big Bang, há aproximadamente 14 bilhões de anos, teoria reforçada pela descoberta da radiação de fundo – embora isto não seja suficiente para comprová-la integralmente, visto que a teoria prevê muito mais do que a radiação.

Esta foi descoberta por Arno Penzia e Robert Wilson, em 1965, quando estudavam os sinais de micro-ondas em um velho detector. Eles descobriram que “a radiação de fundo, captada por seu velho aparelho, vinha do próprio Universo e representava exatamente o tipo de crepúsculo que se estaria esperando encontrar em consequência do Big Bang, oriundo da destruição da matéria e da antimatéria nos instantes iniciais do Universo em explosão”. A detecção da radiação de fundo por Arno e Robert forneceu uma das principais evidências para o modelo cosmológico padrão, embora alguns físicos não acreditem que a teoria tenha sido comprovada como um todo, uma vez que apresenta diversas dificuldades não respondidas até hoje. Por exemplo:

1. O Universo está cheio desta radiação – comprovadamente medida –, mas de onde ela vem? Do Big Bang ou de outro evento ocorrido no passado? São 14 bilhões de anos – e isto é muito tempo, no qual muita coisa pode ter acontecido;
2. As leis da física que conhecemos hoje seriam válidas há 14 bilhões de anos?;

3. As constantes físicas, que determinam boa parte dos modelos da natureza propostos pelos físicos – entre eles o Modelo Padrão (o do Big Bang) –, sempre foram constantes?
4. Antes do início do Universo, antes do Big Bang, o que existia? Se tudo aconteceu de uma flutuação do "nada" quântico – que não é um nada absoluto –, então de onde veio aquilo que forma o nada quântico para que houvesse a flutuação e daí o Universo?
5. Para onde o Universo está se expandindo, visto que há diversos modelos de universo? E qual o ponto inicial de onde surgiu a "explosão"? De onde ela veio?

Então, mesmo que a teoria não esteja absolutamente comprovada – pela ausência de respostas definitivas para essas questões –, a maioria dos cientistas aceita o consenso de que o Big Bang originou o Universo e de que tudo começou com um ponto menor do que a cabeça de um alfinete, com pura energia, sem dimensões e de densidade infinita. A física chama essa circunstância de singularidade. Os cientistas ainda não conseguiram compreender claramente o que aconteceu nos momentos iniciais da explosão do ponto de singularidade, ou seja, 10^{-43} de segundos. Após aquela "explosão" inimaginável, que deu origem ao Universo tal como o conhecemos hoje, ele passou a se expandir, criando o conceito de "Universo em expansão". A grande pergunta é: ele vai se expandir para sempre ou em algum momento vai haver um processo de recuo e agrupamento, gerando o chamado Big Crunch (ou grande retração)?

É importante esclarecer que essa explosão não se encaixa no conceito de explosão como se entende no senso comum. Na realidade, o fato de o Universo estar se expandindo fez com que os cientistas inferissem que, retornando ao passado, ele estivesse se contraindo até chegar a um primeiro momento em que estivesse todo concentrado num ponto de densidade infinita. Aí, de alguma forma, ele teria começado a se expandir – mas não como uma explosão da forma que entendemos, e sim como uma flutuação, proposta da abordagem quântica, que perturbou o ponto e provocou sua expansão e diminuição de temperatura, adquirindo energia cinética.

Collins declara, em *A linguagem de Deus*:

> Tenho de concordar. O Big Bang grita por uma explicação divina. Obriga à conclusão de que a natureza teve um princípio definido. Não consigo ver como a natureza pode ter se criado. Apenas uma força sobrenatural, fora do tempo e do espaço, poderia tê-la originado. Mas, e quanto ao resto da criação? O que faremos com o extenso processo pelo qual o Universo veio a existir? A formação do sistema solar e do planeta Terra durante o primeiro milhão de anos que se seguiu ao Big Bang?

Se o modelo cosmológico padrão for comprovado completamente (os experimentos no LHC também têm este objetivo), é claro que isso aponta para um Criador. Mas digo que qualquer uma das teorias modernas sobre o surgimento do Universo também vai nos levar a esse raciocínio, visto que todas elas apresentam limitação com respeito ao momento inicial e sobre a existência ou não da matéria ou algo equivalente naquele instante. Não há como escapar da marca que o Criador deixou em Sua criação. Fica absolutamente claro que Collins, embora cientista renomado, pai e tradutor do genoma humano, optou por aceitar que a criação da vida no planeta Terra, incluído o próprio planeta, através do chamado Big Bang, é resultado de uma força maior e fora dele – uma força que chamo de Deus.

O DNA

Collins percebeu na linguagem do DNA uma possível linguagem de Deus para a formação dos seres vivos.

Como autoridade científica nessa área, ele explicita aos leigos as maravilhas do mundo dos genes, cromossomos e DNA humanos.

O cientista estima haver apenas cerca de 20 mil a 25 mil genes que decodificam proteínas no genoma humano, quando a quantidade total de DNA utilizada por esses genes para decodificar proteínas soma-se a um ínfimo 1,5% do total. Collins afirma: "Após uma década, esperando encontrar pelo menos 100 mil genes, muitos de nós (cientistas) ficamos pasmos ao descobrir que Deus escreve histórias muito curtas sobre a humanidade. Isso foi algo especialmente chocante." Ele explica que organismos mais simples, como minhocas ou plantas, parecem estar quase na mesma série dos humanos, por volta de 20 mil.

No nível do DNA, somos todos 99,9% idênticos entre os seres vivos. Pela análise do DNA, fazemos parte de uma mesma família – o que enfraquece o argumento de que derivamos somente da "evolução" dos símios por conta de uma proximidade de seu DNA ao nosso. Como Collins demonstra, temos esta semelhança de 99,9% com outros seres vivos também.

O cientista acredita que a espécie humana descende de um grupo comum de aproximadamente 10 mil iniciantes, que viveram há cerca de 100 a 150 mil anos. Para ele, essas informações combinam inclusive com os registros fósseis encontrados na África Oriental. Collins afirma ainda haver respaldo claro para a teoria da evolução de Darwin – ou seja, a descendência de um ancestral comum, com a seleção natural atuando em variáveis que ocorrem de forma aleatória.

Ele cita também uma pesquisa de 2004, na qual 45% da população dos Estados Unidos escolheram acreditar que Deus já criou os seres humanos de uma forma muito parecida com o que somos hoje. Apenas 13% dos entrevistados dizem acreditar que os seres humanos se desenvolveram por milhares de anos a partir de formas de vida menos evoluídas, sem a participação de Deus nesse processo. Para Collins, existe uma grande resistência por parte das pessoas em compreender o processo de evolução. Mas ele acredita que não há conflito entre a criação de Deus e o processo evolucionista, embora não especifique que tipo de evolução tenha sido essa.

Por entender o quão espinhoso é esse assunto, Collins procurou em seu livro analisar como os teólogos interpretavam os capítulos 1 e 2 de Gênesis antes da teoria de Darwin.

> [...] fica nítido que Agostinho formula mais perguntas do que fornece respostas. Repetidas vezes, volta para a questão do sentido do tempo, concluindo que Deus se encontra fora dele e não conectado a ele (2 Pedro 3:8 declara isso de modo explícito: "Mas vós, amados, não ignoreis uma coisa: que um dia para o Senhor é como mil anos, e mil anos como um dia"). Isso leva Agostinho a questionar a duração dos sete dias da criação bíblica.

Collins explica ainda que a palavra usada em Gênesis 1 para dia (*yôm*), pode ser utilizada para designar tanto um período de 24 horas quanto para uma representação mais simbólica. Portanto, não se encontraria uma precisão de tempo, mas de um período. Mais à frente estudaremos detalhadamente as propostas das traduções da palavra dia (*yôm*), que foi interpretada como dia de 24 horas e também como um período de até mil anos, por exemplo.

O cientista cita ainda o fato de o bispo Ussher, da Igreja Anglicana, ter estabelecido que os céus e a Terra foram criados em 4004 a.C. – enquanto Collins acredita que o Universo tem a idade de 14 bilhões de anos, sendo que apenas nos últimos 500 milhões de anos foram criadas as condições para a vida no planeta Terra. E que o homem deve estar presente neste palco da criação há cerca de 150 mil anos.

Collins não hesita em relacionar todos os postulados das posições evolucionistas e criacionistas. Para ele, ambas se apegam mais a dogmas religiosos do que a postulados científicos – incluindo postulados teológicos, que são científicos.

Collins cita, como exemplo, o grande acontecimento do lançamento da nave Apollo 8, tripulada por Frank Borman, William Anders e James Lovell – que, após três dias no espaço, tirando fotos da Terra e da Lua, leram os primeiros versículos do capítulo 1 do livro de Gênesis em uma transmissão ao vivo pela televisão. Essa atitude foi criticada pelas academias científicas e levou a famosa ativista ateia Madalyn Murray O'Hair a processar a Agência Espacial Americana (NASA) por ter permitido aquela leitura pública da Bíblia. No entender de O'Hair, os astronautas, como funcionários públicos, deveriam ser demitidos por terem feito aquela oração pública no espaço. Embora os tribunais americanos tenham rejeitado o processo de O'Hair, a NASA desestimulou qualquer referência religiosa em seus voos posteriores. Portanto, vimos na atitude de O'Hair uma medida bastante acentuada de intolerância, demonstrando que Collins está certo ao afirmar o dogmatismo expressado.

Collins discorre ainda sobre os evolucionistas Richard Dawkins e Daniel Dennett, como sendo os acadêmicos articulados que empregaram energia considerável para explicar e difundir o darwinismo, declarando publicamente que a aceitação da evolução na biologia exige que se aceite o ateísmo na Teologia. "Alguns dividem o ateísmo em formas fracas e fortes. O ateísmo fraco é a ausência da crença na existência de um Deus, ou de deuses, ao passo que o ateísmo forte é a convicção forte de que não existem tais deidades", explica Collins.

Collins cita também Edward Osborne Wilson como destacado biólogo evolucionista de nosso tempo. Em seu livro sobre a natureza humana, Wilson anuncia alegremente que a evolução triunfara sobre qualquer espécie de ideia sobrenatural, concluindo: "A arma decisiva, apreciada pelo naturalismo científico, irá com sua capacidade de explicar a religião tradicional, sua competição entre líderes, como um fenômeno completamente material. Não é provável que a Teologia sobreviva como uma disciplina intelectual independente." Para Wilson, esta seria uma contraprova da impossibilidade da existência divina.

Para Collins, Richard Dawkins, em livros como *O gene egoísta*, *O relojoeiro cego*, *A escalada do monte improvável* e *O capelão do Diabo*, esboça, por meio de analogias atraentes e floreios de réplicas, as consequências das variações e da seleção natural. E logo estende suas conclusões religiosas em termos altamente agressivos:

> Está na moda criar o Apocalipse em cima das ameaças da humanidade, proclamadas pelo vírus da AIDS, pela doença da vaca louca e muitas outras, mas acho que podemos dar bons motivos de que a fé seja um dos maiores males do mundo, comparável ao vírus da varíola, mas com mais dificuldades de se erradicar.

Collins responde aos três argumentos de Dawkins em prol da evolução e contrários à possibilidade da criação ter sido um ato sobrenatural de Deus. O primeiro argumento de Dawkins é que a evolução tem plena responsabilidade pela complexidade biológica pelas origens da humanidade – por isso, não existiria mais a necessidade de Deus. Contra isso, Collins diz que, embora esse argumento libere justificadamente de Deus a responsabilidade pelos numerosos atos da criação especial de cada espécie sobre o planeta, isso de maneira alguma invalidaria a ideia de que Ele elaborou seu plano criativo por meio da evolução. "O primeiro argumento de Dawkins é, assim, irrelevante para o Deus venerado por Santo Agostinho ou por mim", ratifica Collins.

O segundo argumento de Dawkins é que a religião é antirracional. De acordo com Collins, a definição de fé para Dawkins é "uma confiança cega na ausência de evidências". Collins explica que, apesar de a argumentação racional jamais poder provar de forma conclusiva a existência de Deus, a crença Nele sempre foi aceita por grandes pensadores em toda a história; e ele conclui sustentando que esse argumento de Dawkins não descreve a fé dos seguidores mais sérios da história. Dawkins ataca é uma caricatura de fé criada por ele, e isso não se trata de uma fé legítima no Deus todo-poderoso.

O seu terceiro e último argumento é que a religião tem feito mais mal à humanidade do que qualquer outra coisa. Collins declara que não há como negar que, em nome da religião, muitos males têm sido cometidos. Contudo, esses atos cruéis de maneira alguma contestam a verdade da fé; eles põem em xeque a natureza dos seres humanos, "recipientes enferrujados nos quais a água pura da verdade foi colocada".

Em sua análise de contra argumentação, Collins chega ao agnosticismo, termo cunhado em 1869 pelo cientista britânico Thomas Henry Huxley, também conhecido como "o buldogue de Darwin". Huxley usou esse vocábulo pela primeira vez inspirado no gnosticismo da história da Igreja e se orgulhava de ser um materialista sem necessidade de acreditar em Deus. Para ele, o conhecimento sobre a existência divina simplesmente não poderia ser alcançado.

Da mesma forma, Collins rejeita o criacionismo com suas teses "infundadas cientificamente". Ele cita "O criacionismo da Terra jovem" (em inglês, *Young Earth Creationism*, YEC). A teoria do YEC interpreta os seis dias da criação como dias de 24 horas e conclui que a Terra deve ter menos de 10 mil anos de idade. Os defensores dessa teoria acreditam que todas as espécies foram geradas por atos isolados de criação divina e que Adão e Eva eram figuras históricas criadas do pó por Deus no Jardim do Éden, e não descendentes de outras criaturas.

Os adeptos do criacionismo acreditam também na "microevolução", por meio da qual pequenas mudanças ocorreram nas espécies provocadas pela seleção natural. Contudo, rejeitam o termo "macroevolução", que é o processo que permite a uma espécie evoluir para outra.

Segundo Collins, Henry Morris, a voz mais forte da teoria do YEC, explicava que os fósseis das camadas geológicas foram formados por causa das águas do dilúvio, conforme descrição dos capítulos seis a nove do livro de Gênesis, em vez de terem sido sedimentados durante centenas de milhões de anos.

Quarenta e cinco por cento dos cidadãos americanos acreditam na teoria do YEC – o que, na percepção de Collins, é lamentável.

Para ele, o criacionismo do YEC não pode responder científica e satisfatoriamente a todas as conclusões já alcançadas pela ciência moderna. Mas ele faz questão de dizer que acredita na sinceridade do ponto de vista dos cientistas tementes a Deus – que são bem-intencionados, guiados mais por preocupações profundas do que pelo naturalismo cientificista atual.

Collins explicita os conflitos entre algumas explicações da teoria do YEC com experimentos e descobertas recentes – por exemplo, no caso dos fósseis intermediários. E cita também a segunda lei da termodinâmica, que exclui a possibilidade da evolução segundo a teoria do YEC – o que para ele não é verdade, uma vez que o cálculo da radiação da idade das rochas e do Universo está errado, já que os índices degenerados vão mudando com o passar do tempo. Ou seja, a linha do tempo mostra com clareza a validade universal das leis da termodinâmica, pois ela postula que os eventos aumentam a entropia (desordem) do Universo. E esses inventos, que seguem a ordem natural do tempo, caminhando para trás no tempo, indo para o passado, reduziriam a entropia, apagando todo vestígio de si mesmos, o que equivale a não ter ocorrido. E a teoria clássica da evolução não sobrevive à aplicação delas ao longo do tempo.

Os criacionistas da Terra Jovem acreditam que, se aceitassem qualquer coisa que não os atos de Deus, em uma criação especial divina, durante as 24 horas do dia de Gênesis 1, isso colocaria os que creem em Deus numa tendência escorregadia rumo ao ceticismo. Para Collins, essa interpretação unilateral do livro de Gênesis é desnecessária: a insistência em interpretar cada palavra da Bíblia em seu sentido literal leva a outras dificuldades e asseverações não claramente explicitadas no próprio texto bíblico.

As Escrituras não dizem, por exemplo, que o dia era de 24 horas; dizem apenas que foi "dia". Como medir o dia de 24 horas antes de a Lua e o Sol terem sido criados no 4º dia, depois de ter sido criada a luz (vida), de ter sido feita separação entre a porção seca e as águas e depois de ter sido feita a vegetação? Se os dias ali estiverem em ordem cronológica, como explicar as frases "e foi a tarde e a manhã, o dia primeiro... o dia segundo... o dia terceiro" se o Sol e a luz não haviam sido criados?

Ele acredita ainda que a teoria do YEC contra-argumenta as medições por deteriorações radiativas dos fósseis, que são medidas segundo a datação radiométrica por diversos elementos, inclusive o carbono, para determinar a deterioração dos fósseis, que se deterioram em velocidades previsíveis. Segundo o YEC, essa datação torna-se questionável pela inconsistência das sedimentações progressivas, ou seja, rochas mais antigas sobre rochas mais novas. A YEC defende ainda a ideia de que as sequências dos genomas teriam sido planejadas por Deus de forma intencional, para parecer que o Universo é antigo, mesmo tendo sido criado há apenas 10 mil anos. Para Collins, isso levaria Deus a se empenhar numa evasiva de grandes proporções – algo inimaginável para o cientista, pois assim Deus estaria se portando como "trapaceiro cósmico", uma entidade que alguém jamais poderia adorar, pela falta de coerência em suas ações e suas intenções.

Collins decreta que, pela lógica racional, o criacionismo da Terra jovem chegou a um ponto de falência intelectual, tanto em sua ciência quanto em sua teologia. Sua insistência seria assim um dos maiores enigmas e tragédias do nosso tempo: ao atacar as bases da ramificação da ciência, ele amplia a ruptura entre as visões do mundo científico e o mundo espiritual, justamente num tempo em que se precisa desesperadamente de um caminho em direção à harmonia.

Ao enviar aos jovens a mensagem de que a ciência é perigosa e quem persistir nela estará rejeitando a fé religiosa, o criacionismo da Terra Jovem pode estar privando a ciência de promissores talentos do futuro. Por fim, a teoria do YEC pode causar danos ainda maiores justamente à fé – quando exige que a crença em Deus concorde com alegações essencialmente falhas acerca do mundo e do Universo, declara o cientista.

Collins analisa também o chamado Design Inteligente – em inglês, *Intelligent Design* (ID). Ele explica que o ID propõe o conceito de complexidade irredutível, teoria que propõe acreditar em um Deus preocupado com seres humanos, ou seja, um teísta. Entretanto, no sentido da terminologia atual, isso não estaria correto. A teoria foi anunciada em 1991, por Phillip Johnson, advogado cristão da Universidade da Califórnia, em Berkeley, no livro *Darwin on Trial* ("Darwin em julgamento"). Esses conceitos foram ampliados por Michael Behe, também professor de biologia, em seu livro *Darwin's Black Box* ("A caixa preta de Darwin"). A teoria do ID coincidiu com uma série de derrotas judiciais do ensino do criacionismo nas escolas americanas – um contexto que gerou críticas ao ID, por chamá-lo de criacionismo sub-reptício.

O ID apresenta as seguintes propostas:

Primeira: a evolução gera uma visão de mundo ateísta e, portanto, aqueles que creem em Deus devem se opor a ela. Phillip Johnson, seu fundador, que alega que tem como missão pessoal defender Deus da Teoria da Evolução, que no seu entendimento é uma visão materialista do mundo.

Segunda: a evolução tem fundamentos falhos, pois não pode justificar a complexidade da natureza. Tese que Collins não aceita, pois, para ele, a evolução é mais do que satisfatória em todas as suas estruturas para formação da vida inteligente.

Terceira: a evolução não pode explicar a complexidade da ciência, cujo objetivo é criar novos materiais e desenvolver novos componentes e que, baseada na crescente capacidade da tecnologia moderna, deve manipular desde átomos até cerca de 100 nanômetros.

Collins afirma que o ID não funciona como modo fundamental de se qualificar como teoria científica, pois, para ser viável, prevê outras descobertas e sugere abordagens para verificações experimentais, caso em que o ID apresenta uma falha incrível.

Para o cientista, o ID se coloca ironicamente numa trilha que traz danos consideráveis à fé. Ele entende que a sinceridade de seus defensores não pode ser questionada, bem como a maneira com que creem em Deus, em particular os evangélicos. Levando em conta o fato de que a teoria de Darwin é retratada por alguns evolucionistas convictos como obrigatoriamente ateísta. Veja o que ele diz:

> "Entretanto, esse navio não se dirige à Terra prometida, mas sim ao fundo do oceano." Se os que creem em Deus juntarem os últimos vestígios de esperança de que Ele possa encontrar um lugar na existência humana por meio da teoria do ID e essa teoria for derrubada, o que acontecerá então com a fé? Quer dizer que a busca pela harmonia entre a fé e a ciência é inútil? Devemos aceitar a declaração de Dawkins de que "o Universo que observarmos tem, exatamente, as propriedades que esperaríamos que existissem, na verdade, sem design, sem finalidade, sem mal, sem bem? Nada além de um índice? Nada além de uma indiferença cega e impiedosa"?

Segundo ele, existe uma solução nítida, obrigatória e satisfatória intelectualmente para essas questões.

Declara-se "evolucionista teísta". Pois, o evolucionismo teísta foi levantado como uma tese satisfatória por ser a confluência de várias razões e postulados e motivos científicos. Ele chama essa teoria de "evolução teísta", às vezes abreviada como TE (*Theistic Evolution*). Acredita que atualmente há um temor das pessoas em acreditarem na TE por uma reação negativa dos seus colegas ou até mesmo por medo de crítica da comunidade teológica.

Citando o papa João Paulo II, em sua mensagem à Pontifícia Academia da ciência em 1996, onde forneceu uma defesa inteligente e corajosa à evolução teísta, o papa afirmou que "novas descobertas nos guiam ao reconhecimento da evolução como mais do que apenas uma hipótese" (p. 208). Assim, ele aceitava a realidade biológica da evolução. Mas teve o cuidado de equilibrá-la com a perspectiva espiritual. Praticamente repetindo a posição do seu predecessor, papa Pio XII, que acreditava que: "Se a origem do corpo humano vem da matéria viva, que existiu anteriormente, a alma espiritual é criada diretamente por Deus" (p.208). Portanto, para Collins, as posições dos papas ratificam o que muitos cientistas que são cristãos declararam.

Collins encerra perguntando: "daremos as costas à ciência porque ela é percebida como ameaça a Deus, abandonando toda a promessa de avanço em nossa compreensão da natureza e a prática desse conhecimento para o alívio do sofrimento e para o bem da humanidade? Ou daremos as costas à fé, concluindo que a ciência tornou-se desnecessária à fé e à espiritualidade e que agora podemos substituir os tradicionais símbolos religiosos por esculturas da hélice dupla em nossos altares?" Nenhuma das hipóteses é viável para ele, pois ambas as alternativas são profundamente perigosas, já que negam a verdade e reduzem a nobreza da humanidade. E completa: "O Deus da Bíblia é também o Deus do genoma. Pode ser adorado na catedral ou no laboratório. Sua criação majestosa, esplêndida, complexa e bela não pode guerrear consigo mesma."

Portanto, não há como negar o grande esforço para se construir uma ponte entre fé e ciência, espiritualidade e conhecimento científico organizado de Collins.

2. Stephen Hawking

É impossível não comentar as contribuições do britânico Stephen Hawking, físico teórico e cosmólogo e um dos mais renomados cientistas da atualidade, em seus ensaios – seja escrevendo sozinho, como nos livros *Uma breve história do tem-*

po e *A teoria de tudo: a origem e o destino do Universo*, ou em parcerias, como em *O grande desígnio*, com o físico americano Leonard Mlodinow.

Nesta última obra, os autores destacam que:

> Quase todos os pensadores cristãos defendem que Deus pode suspender as leis para realizar milagres, e até mesmo Newton acreditava em certa espécie de milagres. Ele considerava que a órbita dos planetas era instável, porque a atração gravitacional entre eles provocava perturbações nessa órbita que iriam aumentando com o tempo e acabariam por resultar ou na queda dos planetas em direção ao Sol ou na sua projeção para fora do Sistema Solar. Newton acreditava que Deus tinha que estar constantemente a "acertar as órbitas" ou a "acertar o relógio celeste" para que isso não acontecesse.

Foi Pierre Simon, o Marquês de Laplace, quem defendeu que essas perturbações eram marcadas por ciclos repetidos, e não cumulativos. Assim, o Sistema Solar se acertaria e não haveria a necessidade da intervenção divina. O determinismo científico formulado por Laplace é a resposta do cientista moderno à pergunta: "Quem intervém no Sistema?" Esse conceito de determinismo científico trazido por Laplace perdurou até recentemente – mais precisamente, até o advento da física quântica, que introduziu novos conceitos relacionados a uma abordagem probabilística da natureza, particularmente através do princípio de incerteza de Heisenberg.

Como podemos ver, para os deterministas é muito perturbadora a possibilidade de alguém ser capaz de "intervir no Sistema". Em *O grande desígnio*, Hawking e Mlodinow trabalham com algumas "propriedades propícias", ou condições excepcionais – como um "golpe de sorte" ou "milagre da criação" –, para que nosso Sistema Solar possa ter desenvolvido formas evoluídas e sofisticadas de vida. Eles citam algumas "propriedades" que possibilitariam que a vida pudesse existir em nosso planeta como algo singular, em nossa galáxia e até mesmo no Universo. As condições para que a vida tenha se desenvolvido são excepcionais e beiram o milagre – da divindade ou do processo da evolução. Vamos analisar alguns destes "milagres" sob a ótica de Hawking e Mlodinow, sem nos preocuparmos com a origem ou o fator causal em um primeiro momento.

O primeiro deles é chamado "a forma das órbitas planetárias" ou "excentricidades da forma planetária". Eles chamam atenção para que o grau de achatamento de uma elipse seja desenhado por uma excentricidade, um número entre 0 e 1.

Uma excentricidade próxima a 0 significa que a figura se assemelha a um círculo, enquanto a excentricidade próxima de 1 indica que sua forma está muito achatada. Kepler ficou perturbado com a ideia de que os planetas não se moviam em círculos perfeitos. A órbita da Terra tem uma excentricidade de cerca de 2%, o que significa que é quase circular. Acontece que esse foi exatamente o grande "golpe da sorte" – já que implica em diferentes ângulos de incidência dos raios solares em regiões diferentes, o que resulta no aquecimento da superfície da Terra. Também ocorrem variações no aquecimento devido à inclinação do eixo de rotação da Terra associada à forma do nosso planeta. Esses dois fatores são essenciais na determinação das correntes atmosféricas, estações do ano etc., e, portanto, da possibilidade vida terrestre.

Para Hawking e Mlodinow, os padrões climáticos sazonais da Terra são determinados, sobretudo, pela inclinação do eixo de rotação da Terra em relação ao plano da sua órbita em volta do Sol. Durante o inverno no hemisfério norte, por exemplo, o

Pólo Norte está inclinado para longe do Sol. O fato de a Terra estar mais próxima do Sol nessa altura – apenas a 147,25 milhões de quilômetros, em comparação a cerca de 152,08 milhões, no início de julho – tem um efeito desprezível na temperatura, quando comparado com o efeito de sua inclinação. Em planetas com uma grande excentricidade orbital, porém, a variação na distância ao Sol desempenha um papel muito maior. Em Mercúrio, por exemplo, com uma excentricidade de 20%, a temperatura sobe mais de 200°F (Fahrenheit) ou 93.3°C (Celsius) quando o planeta está mais próximo ao Sol do que quando ele está mais afastado. Na verdade, se a excentricidade da órbita da Terra fosse 1, nossos oceanos ferveriam quando chegássemos ao ponto mais próximo e gelariam quando alcançássemos o ponto mais afastado.

Os cientistas acreditam que a relação da massa do Sol com a distância da Terra é outro grande "fator de sorte". A massa de uma estrela determina a quantidade de energia que ela emite; as estrelas maiores têm grande massa, uma centena de vezes maior do que a do nosso Sol, enquanto as pequenas têm massa cem vezes menor. No entanto, em relação à distância entre a Terra e o Sol, se o último tivesse uma massa apenas 20% maior ou menor, a Terra seria mais fria do que Marte ou mais quente do que Vênus – o que comprometeria, claro, a vida na Terra.

Hawking e Mlodinow citam ainda a chamada "zona habitável" como a estreita faixa em torno da estrela em que as temperaturas são tais que permitem a existência da água na forma líquida. A zona habitável do nosso Sistema Solar é diminuta; felizmente para nós, que somos a forma de vida inteligente, a Terra está dentro dessa zona.

Existem planetas de todos os tipos. Alguns, ou pelo menos um, permitem a existência da vida. A nossa própria existência impõe regras que determinam de onde e de que altura é possível observar o Universo. Ou seja, o fato de existirmos restringe a característica do tipo de ambiente em que nos encontramos. Esse princípio é chamado de "antrópico fraco". Ele diz que as constantes físicas e cosmológicas estão restritas pela exigência de que devam existir locais onde a vida baseada no carbono possa evoluir. Além disso, o fato de o Universo ser tão velho implica em ele ter evoluído completamente.

Como vimos, Hawking e Mlodinow afirmam ainda que, para haver vida, o Universo teria que conter elementos como o carbono, que é produzido no interior das estrelas a partir dos elementos mais leves. Ele tem de ser disseminado pelo espaço através de uma explosão de uma estrela chamada Supernova e tende a se agregar como parte de um planeta no Sistema Solar de uma nova geração. Em 1961, Robert Dicke defendeu que esse processo demora pelo menos 10 bilhões de anos – o que significa que nossa presença aqui mostra que o Universo tem que ter pelo menos essa idade. Portanto, essa data coincide com a previsibilidade de o Big Bang ter ocorrido há 13.7 bilhões de anos, criando assim as propriedades que viriam a se tornar condições para o desenvolvimento da vida.

Hawking e Mlodinow citam ainda o fato de as condições reais de nosso mundo estarem dentro da gama antropicamente permitida. Por exemplo, se só excentricidades das órbitas moderadas do planeta Gama entre 0 e 0,5 permitem a vida, então uma excentricidade de 0,1 não nos deve surpreender, porque, entre todos os planetas do Universo, uma boa porcentagem tem, provavelmente, órbitas com excentricidade dessa dimensão. Porém, se a Terra se movesse em um círculo quase perfeito, com excentricidade de 0,00000000001, isso faria dela um planeta realmente muito especial e nos levaria a procurar explicações para a razão pela qual viveríamos num planeta tão anômalo. Essa ideia foi designada por Princípio da Mediocridade, que afirma que a vida na Terra é tão não especial que depende de uma molécula simples: a da água. Daí o princípio infere a completa possibilidade da existência de vida em outras partes do Universo.

Como quinto fator de "sorte", Hawking e Mlodinow declaram que a idade do Universo é um fator ambiental, uma vez que há uma época anterior e posterior à sua história. Mas nós temos de viver nessa faixa – por ser a única propícia à vida. As coincidências ambientais são fáceis de compreender, já que nosso habitat cósmico é apenas um entre muitos que existem no Universo.

Hawking e Mlodinow estabelecem também o chamado princípio "antrópico forte", que sugere que o fato de existirmos impõe restrição não só ao ambiente, mas também à forma e ao conteúdo possível das próprias leis da natureza. A ideia surgiu porque as características peculiares do Sistema Solar, bem como as características de todo o nosso Universo, são estranhamente propícias ao desenvolvimento da vida humana – e isso é muito mais difícil de explicar.

Analiso ainda o "golpe de sorte" que resultou da evolução do nosso Universo, produzindo desenvolvimento e equilíbrio entre as forças fundamentais da natureza e a interação entre elas – que chegaram exatamente ao ponto certo para que pudéssemos existir aqui. Hawking e Mlodinow admiram ainda o processo de criação do carbono, chamado processo triplo-alfa, porque a partícula alfa é outra designação do núcleo do isótopo do hélio, para quem o processo exige que três dessas partículas acabem por se fundir.

A física habitual prevê que a taxa de produção do carbono por meio do processo triplo-alfa seja muito pequena. Em 1952, Hoyle previu que a soma das energias do núcleo de berílio e de um núcleo de hélio tem de ser quase exatamente igual à energia de certo estado quântico do isótopo do carbono formado – uma situação designada por ressonância, que aumenta grandemente a velocidade da reação nuclear. Anos depois, com o desenvolvimento da ciência ao investigar a validade do princípio antrópico forte, os físicos se interrogaram sobre como poderia ter sido o Universo se as leis da natureza fossem diferentes. Por exemplo, uma pequena alteração de apenas 0,5% na intensidade da força nuclear forte ou de 4% na força elétrica destruiria quase todo carbono, quase todo oxigênio e, por consequência, toda possibilidade da vida como a conhecemos. Se as leis do Universo mudassem apenas ligeiramente, as condições da nossa existência desapareceriam.

Hawking e Mlodinow afirmam ainda que a maior parte das constantes fundamentais das nossas teorias parece ter sido ajustada com precisão, no sentido de que, se fosse alterada mesmo por quantidades pequenas, o Universo seria qualitativamente diferente. E, como vimos, em muitos casos, incompatível com o desenvolvimento da vida.

"Muita gente gostaria que utilizássemos essas condições como prova da existência de Deus. A ideia de que o Universo foi concebido para acolher a humanidade surge em teologias e mitologias há milhares de anos até o presente", escreveram Hawking e Mlodinow. Para os autores de *O grande desígnio*, todavia, é mais fácil acreditar num golpe de sorte da natureza determinado por um princípio de incerteza do que em um projeto inteligente construído por uma Divindade fora do processo criativo.

Stephen Hawking, em seu livro *A teoria de tudo: a origem e o destino do Universo*, é menos incisivo sobre a não participação da força da divindade como elemento externo ao sistema que conhecemos como Universo:

> O Universo parece evoluir segundo leis bem definidas. Essas leis podem, ou não, ser ditadas por Deus. Mas tudo indica que podemos descobri-las e entendê-las. Não seria,

portanto, razoável esperar que as mesmas leis ou leis semelhantes fossem obedecidas no início do Universo?

Enquanto a física moderna e a ciência de modo geral se debruçam para descobrir qual a origem do Universo e de onde viemos e para onde vamos, as experiências práticas assustam a ciência, fazendo com que ela se abra para a compreensão do mundo do ponto de vista científico e também espiritual. Estamos, portanto, em um momento de surgimento de novas teorias, com novas hipóteses e possibilidades baseadas em experimentos científicos que falam mais alto até mesmo do que as teorias. Tanto a biologia quântica, no campo do genoma, quanto a mecânica quântica caminham além das fronteiras do mundo visível, chegando a grandezas infinitesimais jamais previstas antes.

Usando a afirmação de Collins: "É muito arriscada qualquer asseveração que não seja revestida da humildade de apenas uma percepção teórica nesse momento em que estamos." Usando também as palavras de Stephen Hawking: "A visão do mundo depende da ótica da sua teoria." Ou seja, qualquer explicação ou percepção passará pelas escolhas daquilo em que você acredita e percebe do mundo. Ou seja, o mundo não é "laico" em nenhum sentido!

Obviamente, temos hoje mais embasamento científico de experiências comprovadas do que antes; mas, mesmo assim, elas estão apenas numa estreita margem de segurança e longe da possibilidade de uma teoria capaz de explicar a complexidade do Universo como um todo. Aliás, essa é a busca da maioria dos cientistas presentes, e especialmente de Stephen Hawking, a conhecida e ansiada teoria do tudo, ou teoria M. Esse ponto é o essencial em toda esta discussão, porque explicita uma segurança científica débil e que a cada dia se torna mais flexível.

A espiritualidade deveria ser discutida exatamente nesta fronteira entre a "certeza científica" e aquilo que o Universo de fato é. Outra questão intrigante: será que já observamos e estudamos tudo o que o Universo está nos mostrando com as nossas teorias, tanto científicas quanto teológicas? Os nossos pressupostos com os quais fundamentamos as nossas teorias podem ser considerados rigidamente "representantes" da realidade manifestada no Universo? O micro, o nano, o cosmos e o mundo espiritual ainda são grandes desafios e podem, de fato, estar reservando a resposta para essa questão.

Os cientistas acreditam que, se pudessem construir de uma só vez uma teoria do tudo completamente unificada, teriam progredido muito além das teorias parciais, pois estas descrevem um conjunto limitado de acontecimentos, ignorando fatos determinados. Já a teoria da unificação da física incluiria todas essas respostas parciais. Einstein passou grande parte de seus últimos anos de vida buscando essa "teoria unificada", mas sua época não permitiria isso, pois pouco se conhecia das forças nucleares. "As perspectivas de se descobrir uma teoria assim parecem muito melhores agora, e mais amadurecidas, já que conhecemos muito mais do Universo", afirma Hawking. Observamos que é o conhecimento do Universo (que não é completo e nem definitivo) que leva o homem a conceber suas teorias para explicá-lo.

A descoberta da estrutura atômica e do princípio da incerteza levou-nos à frente, colocando a física numa posição difícil e mostrando que ela estava longe de ter o determinismo que fora estabelecido pela mecânica clássica. Conforme dito anteriormente, embora as leis da física clássica possam ser extremamente úteis para a vida, na dimensão que a conhecemos, explicando razoavelmente os efeitos para o mundo macroscópico e visível, foi a física quântica, com o princípio da incerteza de Heisenberg, em 1926, que estabeleceu a impossibilidade de se conhecer a posição e a velocidade de uma partícula ao mesmo tempo, com segurança ou precisão.

Heisenberg descobriu que, para o mundo microscópico das partículas, quanto mais se conhecia uma grandeza, com segurança, mais a sua imprecisão estava presente. Esse princípio, posteriormente confirmado por experiências – a chamada experiência da dupla fenda – trouxe a física quântica a uma posição bem segura.

No livro *Mostre-me Deus*, o jornalista Fred Heeren comenta uma entrevista com Stephen Hawking a respeito de sua posição de considerar o princípio antrópico como inadequável como explicação para as descobertas desses séculos. A resposta de Hawking veio da seguinte forma: "A raça humana é tão insignificante que eu acho difícil acreditar que o Universo inteiro seja uma preocupação necessária para nossa existência."

Obviamente, o Sistema Solar é necessário, e talvez nossa galáxia, mas não centenas de bilhões de outras galáxias.

É interessante perceber a insignificância da humanidade dentro deste Universo inteiro, na opinião de Hawking. Ou seja, o princípio de que o Universo parece ter sido ajustado para abrigar a vida humana torna-se pequeno dentro da cosmovisão científica aos olhos de Hawking.

Mas tem algo de alinhamento desta visão com o plano eterno de Deus, revelado nas Escrituras – mais precisamente, no capítulo primeiro do livro de Colossenses.

> Porque nele foram criadas todas as coisas que há nos céus e na Terra, visíveis e invisíveis, sejam tronos, sejam dominações, sejam principados, sejam potestades. Tudo foi criado por Ele e para Ele. E Ele é antes de todas as coisas, e todas as coisas subsistem por Ele. E Ele é a cabeça do corpo, da Igreja; é o princípio e o primogênito entre os mortos, para que em tudo tenha a preeminência.

> Porque foi do agrado do Pai que toda a plenitude Nele habitasse, e que, havendo por Ele feito a paz pelo sangue da Sua cruz, por meio Dele reconciliasse consigo mesmo todas as coisas, tanto as que estão na Terra como as que estão nos céus. (Colossenses 1:16-20)

3. Michio Kaku

No livro *Hiperespaço*, Michio Kaku aborda a teoria conhecida como Hiperespaço, ou teoria das supercordas, em seu conceito mais avançado.

A teoria das supercordas caminha em direção ao número de dimensões que poderia envolver o Universo. Ela chega a prever dez dimensões em que o Universo possa estar envolvido. As três conhecidas dimensões – comprimento, largura, profundidade – e mais o tempo, formando a quarta dimensão. Portanto, restam ainda seis dimensões espaciais, que poderiam expressar a complexidade do Universo.

De fato, por essa teoria, o Universo poderia ter entre dez e doze dimensões, sendo as excedentes das quatro mencionadas dimensões curvadas, tão pequenas ou “escondidas” que mesmo um microscópico potente não seria capaz de “enxergá-las”. A teoria tem atraído muitos físicos, que publicam diversos artigos. É quântica, que inclui a gravidade, e, por isso, tem chance de ser uma teoria bem mais geral e com resultados mais importantes e convincentes do que a do modelo padrão (a do Big Bang). Contudo, não se tem encontrado nenhuma comprovação natural dela. Foi o matemático polonês Theodor Kaluza, em abril de 1919, quem sugeriu pela primeira vez, de forma oficial em artigo científico, que o Universo teria mais de três dimensões espaciais. O editor da revista para a qual ele enviou o artigo era Einstein, que o rejeitou e posteriormente aceitou-o.

Ciente de que a teoria não foi ainda testada em laboratório e dificilmente o será, Kaku ainda assim acredita que ela pode vir a se tornar o "Santo Graal da física": a teoria do tudo, que unificaria todas as teorias científicas, algo que tanta gente tem se desdobrado para alcançar, de Albert Einstein a Stephen Hawking.

Kaku explica que, na teoria do hiperespaço, a matéria pode ser vista "como vibrações que se encrespam" através do tecido do espaço e tempo, formando as chamadas "vibrações no hiperespaço".

Acredita também que, sob circunstâncias extremas, o espaço pode ser esticado a "ponto de se romper"; e neste ponto haveria a possibilidade de se cavar um túnel através do espaço-tempo. Tal especulação coincide com a busca dos chamados "buracos de minhocas", uma hipotética ligação ou atalho através do espaço-tempo de um Universo para o outro, que ligaria partes distantes do espaço-tempo por meio destas "máquinas do tempo naturais" que estão sendo pesquisadas. Kaku cita o fato de cientistas terem concluído que poderia haver uma rede de buracos de minhocas, ou tubos, que ligariam universos paralelos, onde espaço e tempo desempenham uma peculiaridade para sua própria realidade.

Ele cita a possibilidade de que, diante de um eventual Big Crunch do Universo, ou seja, uma possível retração, pegando o caminho inverso do Big Bang, essa teoria se torne a única esperança possível para a vida inteligente escapar do colapso para o hiperespaço. Através destas "máquinas do tempo naturais", a vida inteligente poderia ser transferida para outro universo que não estivesse num processo de contração equivalente. Mas então outra pergunta se faz necessária: a contração num universo não geraria uma espécie de "reação em cadeia" nos diversos outros universos paralelos do Hiperespaço?

Kaku menciona também a descoberta e a utilização das quatro forças fundamentais que transformaram a história da humanidade, trazendo-nos à sociedade civilizada e moderna, e como o domínio de cada uma dessas forças fundamentais gerou uma alteração que melhorou a qualidade de vida da civilização.

Essas quatro forças fundamentais são: a compreensão das leis clássicas da **gravidade**, por Isaac Newton, criando a mecânica, que trouxe o domínio das máquinas; evoluindo à compreensão das leis fundamentais do **eletromagnetismo**, por Maxwell, que deu origem à energia elétrica, chegando à força nuclear, em consequência das bombas atômicas e de hidrogênio. Ele inclui ainda entre as quatro forças fundamentais as **forças nucleares** fortes (que produzem a interação do macrocosmo, como nas estrelas) e as **forças nucleares fracas** (que governam as formas de desintegração radioativa).

Kaku lembra também que todas as teorias e especulações têm sido confrontadas com as experiências feitas pelo Acelerador de Partículas disponível para testes. Embora se saiba que a energia necessária para qualquer teste da teoria do hiperespaço seja absolutamente inatingível, essa energia seria na casa de 10^{19} bilhões de elétrons-volts ou 10^{15} vezes maior do que a energia produzida pelo acelerador.

Conceituando a teoria do hiperespaço, a cientista acredita que "qualquer civilização ou pessoa que vier a dominar a energia no comprimento de Planck se tornará senhor de todas as forças fundamentais". Isso porque, obviamente, encontrará um caminho para a comunicação entre esses universos, tornando possível o domínio da energia nestes níveis.

Kaku cita o diálogo em busca da presença da deidade no Universo:

> Podemos admitir que Deus existe. Como todas as observações que implicam um observador, deve haver alguma consciência no Universo. Alguns físicos, como o prêmio

> Nobel Eugene Wigner, insistiram que a teoria quântica prova a existência de algum tipo de consciência universal cósmica no Universo.

Mas Kaku evolui seu pensamento, trazendo para o debate a posição da maioria dos físicos praticantes – "ignorando o problema". Ele cita também Philips Feynman: "Acho que é seguro dizer que ninguém compreende a mecânica quântica." Após debater-se com a contradição dessa situação, ele finaliza: "Alguns dizem que a única coisa que a teoria quântica tem a seu favor é o fato de ser inquestionavelmente correta."

Kaku cita também a terceira forma de lidar com o paradoxo da chamada "teoria dos muitos mundos", que caiu em descrédito nas últimas décadas, mas que foi revivida por Hawking através da sua função de onda do Universo.

Ele especula também, ao longo do seu ensaio, sobre a teoria dos universos paralelos formados em bolhas, que, embora sem consistência profunda, foram debatidos nas academias físicas.

Kaku traz uma posição interessante sobre o fato de que os físicos normalmente não afirmam categoricamente que anjos e milagres possam não existir. "Talvez existam, mas os milagres quase por definição não são repetíveis, por isso não são mensuráveis." Ele cita o princípio da navalha de Occan, que afirma que a explicação para qualquer fenômeno deve assumir apenas as premissas estritamente necessárias ao seu entendimento e eliminar todas as que não causariam qualquer diferença aparente nas predições da hipótese ou teoria. O princípio recomenda assim que se escolha a teoria explicativa que implique o menor número de premissas assumidas e o menor número de entidades. Ou seja, a melhor explicação é a mais simples, se for completa. Assim, o caminho a ser seguido para a explicação de um fenômeno deve ser o mais simples, a princípio, se a condição de Occam for satisfeita.

Kaku cita também que a teoria do hiperespaço:

> Criou novos e profundos vínculos entre a física e a matemática abstrata, algumas pessoas acusaram os cientistas de criar uma nova teologia baseada na matemática; isto é, rejeitamos a mitologia de religião apenas para adotar uma religião ainda mais estranha, baseada no espaço-tempo curvo, simetrias de partículas e expansões cósmicas.

Mas ele declara também:

> Os cientistas em geral relutam em se envolver em debates teológicos sobre Deus e a Criação. Um problema, eu descobri, é que "Deus" significa muitas coisas para muitas pessoas, e o uso das palavras carregadas, cheias de simbolismo oculto, só obscurece a questão. Para elucidar um pouco esse problema, descobri que é útil distinguir cuidadosamente dois tipos de significado da palavra Deus. Por vezes é útil diferenciar o Deus dos Milagres e o Deus da Ordem.

Quando os cientistas usam a palavra Deus, geralmente têm em mente o Deus da Ordem. Por exemplo, uma das mais importantes revelações na infância de Einstein ocorreu quando ele leu seus primeiros livros sobre ciência. Compreendeu imediatamente que a maior parte do que lhe havia sido ensinado sobre religião não podia ser verdade. Ao longo de sua carreira, no entanto, ele se apegou à crença de que existia no Universo uma ordem divina, misteriosa. A vocação de sua vida, dizia ele, era desvendar-lhe os pensamentos, determinar se ela possuía alguma escolha ao criar o Universo. Einstein se referiu repetidamente a seu Deus em seus escritos, chamando-o afetuosamente de "o velho".

Quando topava com um problema matemático intratável, costumava dizer, "Deus é sutil, mas não malicioso". A maioria dos cientistas, é seguro dizer, acredita que há alguma forma de ordem cósmica no Universo. No entanto, para os não cientistas, a palavra Deus se refere quase universalmente ao Deus de Milagres, e isso é fonte de comunicação equivocada entre cientistas e não cientistas. O Deus dos Milagres intervém em nossos problemas, opera milagres, destrói cidades malditas, esmaga exércitos inimigos, submerge as tropas de faraós e vinga os puros e os nobres.

> Se cientistas e não cientistas não conseguem se comunicar sobre as questões religiosas, é porque estão falando ao mesmo tempo, referindo-se a deuses inteiramente diferentes. Isso ocorre porque as fundações da ciência se firmam em eventos observáveis, reproduzíveis, mas milagres, por definição, não são reproduzíveis. Acontecem somente uma vez na vida de uma pessoa, se tanto. Portanto, o Deus dos Milagres está, em certo sentido, acima do que conhecemos como ciência. Isso não quer dizer que milagres não possam acontecer, somente que eles estão fora do que é comumente chamado ciência.

Como vimos, Kaku descreve com elegância e precisão as posições e os diálogos de cada uma das vertentes, a ciência e a física, e o mundo da religiosidade.

É inegável o seu amadurecimento científico na relação com a fé e a espiritualidade. Parece que os contornos desses dois mundos tornam-se evidentes e bem estabelecidos, permitindo, inclusive, construir pontes no estabelecimento desses diálogos.

A grande preocupação de Michio Kaku, como cientista, é se teremos a possibilidade, enquanto civilização, de administrar a evolução do conhecimento futuro e do domínio das possíveis novas dimensões sem nos autodestruir. Sua esperança é:

> Em vez de ficar esmagado pelo Universo, penso que talvez uma das mais profundas experiências que um cientista possa ter, quase se aproximando do despertar religioso, é se dar conta de que somos filhos das estrelas e de que nossas mentes são capazes de compreender as leis universais a que elas obedecem.

Ele descreve a expectativa do próximo passo, citando Stephen Hawking, em sua ânsia de encontrar a teoria do tudo, capaz de resolver o problema de unificação:

> Se de fato descobrirmos uma teoria completa, ela deve com o tempo ser compreensível em linhas gerais por toda gente, não apenas por um punhado de cientistas. Então seremos todos, filósofos, cientistas e simples pessoas comuns, capazes de tomar parte da discussão de por que o Universo existe. Encontrar a resposta para isso seria o triunfo máximo da razão humana – pois então conheceríamos a mente de Deus.

4. Danah Zohar

Outra grande contribuição chegou até nós pelo livro O *ser quântico*, de Danah Zohar. Ela descreve conceitos sobre a nova física e a sua relação íntima com o observador e a realidade. Zohar descreve com incrível clareza as descobertas e os experimentos recentes da física quântica, que colocaram em xeque a física newtoniana, cujo determinismo e capacidade de separar o indivíduo do seu sistema e de seu meio ambiente criou uma sociedade ocidental narcisista e solitária, sem nenhuma conexão com o Universo. Para ela, o resultado do desenvolvimento científico, baseado nessa visão cósmica, provocou uma profunda ruptura na sociedade ocidental com a consciência e nos seres conscientes em sua relação com o Universo.

Para Zohar, nem a física mecânica de Newton nem a biologia de Darwin disseram muito que possa contribuir para um quadro coerente de nós mesmos dentro do Universo. Ela acredita que a física de Newton não tem absolutamente nada a dizer sobre a consciência nem sobre o propósito e os objetivos dos seres conscientes. A visão do mundo mecanicista fez muito pelo enfraquecimento das certezas do cristianismo, mas teve pouco valor espiritual para colocar no lugar. Da mesma forma, a biologia darwinista, quer em sua visão original bruta e determinista (a sobrevivência do mais forte), quer na versão neodarwinista com ênfase na evolução aleatória, tem pouco a dizer sobre o porquê de estarmos aqui e de como nos relacionamos com o surgimento da realidade material – e muito menos acerca do propósito e significado de qualquer evolução da consciência além da simples conclusão utilitária de que a consciência parece conferir alguma vantagem evolutiva.

Zohar estabelece com clareza e elegância os legados da religiosidade no universo da humanidade, embora estes tenham sido cada vez mais desacreditados, especialmente por aqueles que procuraram na ciência as respostas para sua origem e seu propósito aqui.

> O homem deveu sua colocação especial não a seu corpo, que era feito de mero "barro", mas ao fato de possuir uma alma – em termos modernos, uma consciência – que

> de alguma forma espelhava o Divino Ser. Em termos filosóficos modernos, tudo isso foi esclarecido e transmitido a nós no dualismo mente-corpo de Descartes na divisão da realidade em substâncias pensantes (*res cogitans*) e substâncias puramente mecânicas, estendidas no espaço (*res extensa*).

A autora conclui:

> Com o advento da ciência moderna no século XVII e a retirada lenta, mas inexorável, da deidade transcendental do esquema das coisas, nossa consciência humana parecia não mais espelhar nada senão a si mesma. Sem o Deus cristão, sem a fé num reino transcendental da alma, e cego para a "alma" (consciência) das coisas e criaturas, o dualismo cartesiano ateu nos deixou de mãos vazias, exceto por um grosseiro materialismo. O senso de ser único por ter sido escolhido deu lugar ao sentido de alienação comum do século XX, pois somos diferentes de tudo à nossa volta e estamos inexoravelmente sós.

Para ela, a visão de mundo cartesiana foi necessária ao cultivo da física de Newton e a todo o progresso tecnológico que seguiu em sua esteira, mas, numa cultura pós-cristã, ela é filosófica e espiritualmente estéril. A alma do homem moderno clama por algo mais; ela deseja algum sentido de companheirismo com algo além de nós mesmos. Ela busca uma sensação de estar em casa dentro do Universo, e nossa razão exige que compreendamos melhor nossa experiência.

Zohar, porém, traz de volta a essência da necessidade da cosmovisão metafísica quando afirma: "A consciência é um fato dessa experiência, e uma filosofia ou ciência que não consiga explicá-la está necessariamente incompleta." Lembre-se, para ela, consciência é o mesmo que alma. E ainda afirma categoricamente: "Isso tornou-se uma verdade familiar aos físicos, que vêm lutando para compreender os desenvolvimentos de seu próprio campo. Mas ainda é necessário que ela se infiltre na visão dos intelectuais em geral."

Ela comunga com o pensamento científico da limitação da visão de mundo e Universo sob as lentes da cultura judaico-cristã, baseada na percepção tradicional da interpretação da vida, da ciência e da própria Bíblia – tema anteriormente abordado por Collins. Por exemplo, podemos especular que não encontramos as fórmulas matemático-físicas, mas a fenomenologia do Universo poderia indicar "universos criados"; quando as Escrituras dizem "céus", se referem a mundos, possibilidades; quando mostram anjos, revelam aspectos de universos paralelos; quando o Espírito arrebata Filipe, nos revela o teletransporte (Atos 8.39 "E, quando saíram da água, o Espírito do Senhor arrebatou a Filipe, e não o viu mais o eunuco; e, jubiloso, continuou o scu caminho."); quando diz a Abraão (João 8.56 "Abraão, vosso pai, exultou por ver o meu dia, e viu-o, e alegrou-se.") que ele viu o dia de Cristo, dá pista para a viagem no tempo, entre outros diversos fenômenos ainda não explicados e outros não descobertos pela ciência e a tecnologia moderna.

Danah Zohar também analisa o legado materialista que a física mecanicista nos deixou, juntamente com a Ciência de Descartes.

Veja sua abordagem:

> Para os materialistas, não há uma "substância não pensante, não extensa", como a que Descartes via na mente. Nem anjos, deidades, espíritos ou almas imortais. Assim,

> nós, "os nós mesmos", que percebemos como sendo nós, na verdade somos apenas certo número de átomos sumariamente reunidos. Nós somos nossos corpos, e nossa mente é mera reflexão de vários processos atômicos ou nervosos.

Sob esta percepção, Zohar, conclui dizendo: "O materialismo nu e cru simplesmente não consegue explicar a consciência." Ela percebe, portanto, que o materialismo que se propôs a substituir a cosmovisão espiritualista religiosa falhou em sua essência.

Zohar afirma que nossos valores espirituais são um compromisso prudente e conveniente, embora não tenhamos como nos comprometer com eles, pois não é o material de que fomos feitos – até mesmo por causa do acidente cósmico, chamado "queda do homem". Esse compromisso espiritual seria um tipo de vestimenta, que, caso retirado, soltaria a fera que habita dentro de nós e destruiria nossa civilização.

Em busca de uma explicação plausível para o dilema "mente-corpo", Zohar analisa a resposta dos "idealistas", para quem a mente é inquestionavelmente real, enquanto o corpo não passa de certo número de impressões daquilo que definimos como "matéria". Para eles, a mente é o campo da realidade, enquanto o corpo não passa de um invólucro de impressões e ideias nela contidas.

Danah analisa também o pampsiquismo – teoria que se esforça para encontrar uma substância unificadora que elimine de vez a divisão do mundo em mental (idealismo) e material, sem negar a realidade nem de um nem de outro. Ela descreve como o pampsiquismo é falho ao transferir o problema mente-corpo para um nível mais primário de realidade, no qual se os elétrons são de fato conscientes, teremos então de concluir que eles também têm uma questão de corpo-mente. A partir disso, ela parte em busca de um conceito capaz de explicar essa interação consciência-universo. Ali, o mundo material e a mente podem coexistir, tornando-se expressões de uma mesma realidade.

O pampsiquismo diz que toda a realidade tem natureza psíquica e que as coisas materiais são apenas manifestações da psique. Não descreve a realidade, pois o corpo é exatamente a interface entre os mundos material e espiritual. Os mundos se comunicam nessa interface – e é nela que devemos encontrar as respostas para uma linguagem unificada a fim de descrever a realidade da vida.

Danah Zohar chega, enfim, ao conceito do "Ser Quântico". Para ela, o "ser quântico" é simplesmente um ser mais fluido, que se modifica e evolui a cada instante, ora separando-se em muitos subseres, ora reunindo-se num ser maior. Ele flui e reflui, mas, em algum sentido, ele continua o mesmo.

Para ela, no nível subatômico das partículas elementares, não existe morte, no sentido de uma perda definitiva. O vácuo quântico, que é a realidade subjacente a tudo o que é, existe eternamente. Partículas individuais surgem do vácuo, existem por um breve período até colidirem com outras partículas e então se tornam algo novo ou voltam para a fonte de onde vieram. Mas sua breve passagem não é em vão. Se duas partículas elementares se encontram e se unem, e ambas deixam de existir como partícula individual, a nova partícula terá a soma de suas massas.

Se um nêutron "morre", sua massa, carga e spin são conservados no elétron, próton e antineutrino resultante. Todo acontecimento quântico ocorrido deixa traços, pegadas na areia.

Danah finalmente chega à sua proposição de que a física quântica, aliada a um modelo mecânico-quântico da consciência, nos proporciona uma perspectiva inteiramente diversa.

Uma perspectiva que nos permite ver a nós mesmos e a nossos propósitos como parte integrante do Universo e possibilita que compreendamos o "significado" da existência humana – ou seja, compreendamos por que nós, seres humanos conscientes, estamos no universo material. Se essa perspectiva total pudesse ser plenamente alcançada, ela não substituiria toda a vasta gama de imagens poéticas e mitológicas, as dimensões espirituais e morais da religião, mas forneceria a base física para um quadro coerente do mundo – onde nos incluímos.

Danah Zohar definiu a consciência como "um tipo especial de relacionamento criativo possibilitado pela mecânica quântica, que oferece uma melhor compreensão do mundo e da matéria, como acontece em nosso cérebro".

Ela propõe que a coerência quântica (o estado básico de consciência) e o tecido nervoso (matéria) se inter-relacionam, dando ao cérebro sua capacidade de funcionamento consciente. O diálogo entre matéria e consciência é evidente e de vital importância: elas se necessitam mutuamente.

Zohar cita o sistema Prigogine do tipo Fröhlich, que explica como os seres vivos pegam a matéria desestruturada, inerte ou caótica e a levam a um "diálogo criativo", que resulta numa estrutura mais complexa e de maior coerência ordenada. A cientista acredita que a "coerência quântica" ordenada está presente nos seres vivos, em seu DNA.

Ela conclui, portanto, que "a vida parece sempre criar mais vida e maior coerência quântica".

Zohar acredita que os bósons, unidade subatômica dos elementos, são responsáveis pela ordenação no Universo tanto quanto pelo colapso da função de onda – momento em que as probabilidades da onda se tornam partículas, materializando a possibilidade e tornando-a realidade. Ela afirma também que os bósons são a base para a vida consciente e os férmions (elétrons, prótons, nêutrons), para a vida material.

Assegura categoricamente que "a consciência faz o colapso de onda". Esse é o mais básico dos processos irreversíveis da natureza. Zohar cita ainda os férmions como as partículas que são as unidades constitutivas fundamentais da matéria (os elétrons e prótons) e que, na ausência dos bósons, as partículas não se uniriam construindo alguma coisa e vice-versa; elas se necessitam para criar o "diálogo criativo". Ela acredita que, tanto no ser humano quanto no Universo, elas são partes da dinâmica básica pela qual o Universo se expande. Essas partículas criaram a consciência, talvez a força motriz por trás de toda a expansão.

Isso pode não ser tão forte quanto dizer que a mente criou o mundo, mas diz que estiveram presentes desde o início, sendo parceiras da criação. Portanto, se poderia concluir que a mente divina compartilhou o atributo de "criar" as mentes dos homens.

Sua visão é a de que tanto a ciência moderna quanto a filosofia tradicional da Igreja não são mais satisfatórias para um número cada vez maior de pessoas, para as quais os novos postulados científicos e a psicologia têm tomado seu lugar.

Zohar cita o físico inglês Brian Pippard, que expressou a voz da tradição religiosa com a seguinte frase: "O verdadeiro crente em Deus (...) não precisa temer – sua cidadela é inexpugnável dos assaltos científicos, pois ocupa um território fechado à ciência."

Para ela, "essa atitude tipo avestruz diante da ciência não é o que se verifica na historia das religiões, nem na experiência da maioria das pessoas. Além disso, coloca a fé e a razão em mundos distintos e com conceitos de mundos e verdades diferentes."

Zohar também conceitua a "genealogia da consciência", que estabelece a complexidade da mente até o simples relacionamento de bósons e a origem do Universo e inclui o diálogo criativo entre os bósons e férmions. Ela define um novo tipo de interpretação do "princípio antrópico" – ou pelo menos uma dessas interpretações, uma vez que várias versões têm sido propostas, desde a que declara que o Universo assemelha-se ao que nos parece ser, porque somos nós que o estamos contemplando, até a versão de que alguma vida inteligente como o ser humano tinha que surgir da expansão do Universo.

Ela propõe claramente que "os observadores" não são apenas os seres inteligentes, e sim nós e toda nossa linha de predecessores, chegando até um simples par de bósons. E reforça, num sentido restrito, a versão do físico norte-americano John Archibald Wheeler chamada "princípio antrópico participativo", que diz que "os observadores são necessários para trazer o mundo à existência".

Danah Zohar propõe ainda a ligação entre a física da consciência humana e a física do vácuo quântico proposta pela teoria do campo quântico – que aceita a existência sem a participação da consciência humana –, mesmo discordando do termo "vácuo quântico", pois em seu conceito, o vácuo é a realidade básica fundamental e subjacente, da qual tudo no universo é expressão. Ela cita os físicos ingleses Tony Hey e Patrick Walters, que disseram: "Em vez de um lugar onde nada acontece, a caixa 'vazia' deveria agora ser vista como uma 'sopa' borbulhante de pares de partículas virtuais – antipartículas." Ou, no dizer de David Finkelstein, físico americano: "Uma teoria geral do vácuo é, portanto, uma teoria de tudo."

Zohar cita também o que chama de "mais excitante conclusão sobre a compreensão da consciência, com sua origem e propósito": a de que um dos campos no interior do vácuo pode ser um condensado de Bose-Einstein coerente, portanto, um condensado com a mesma física do estado fundamental da consciência humana. E suas flutuações podem obedecer à mesma matemática das excitações do condensado de Bose-

-Einstein do tipo Fröhlich. (Uma fase da matéria onde os bósons adquirem uma temperatura próxima à do zero absoluto. E, nestas condições, uma parte dos átomos atinge o mais baixo estado quântico, o que leva os efeitos quânticos a serem observados numa escala macroscópica.) O condensado Bose-Einstein é considerado um quinto estado da matéria, depois do plasma e dos outros três estados mais conhecidos (sólido, líquido, gasoso). Um bóson é uma partícula que tem um spin inteiro como, por exemplo, o fóton, o mágnon, o Bóson de Higgs. Isso nos conduz à conclusão de que a física que nos dá uma consciência humana é uma das potencialidades do vácuo quântico, o fundamento de toda realidade. E que, em decorrência disso, talvez possamos dizer que o próprio vácuo e, portanto, o Universo, seja consciente, no sentido de que está alinhado ao sentido básico de direção, de mais e maior coerência ordenada.

Ela inclusive afirma que, "se estávamos procurando algo como um Deus no Universo da nova física, esse quântico coerente, esse estado fundamental, pode ser um bom começo".

Para Zohar, não há como impedir que pessoas ainda acreditem em um Deus transcendente, que cria e controla o mundo fora das leis da física além do espaço e tempo. Não há nada que os impeça de imaginar que esse Deus precedeu – e criou – o Big Bang ou algo equivalente na criação do Universo ou dos universos. Essa é uma posição perfeitamente sustentável, embora esse Deus não sofra. E que Ele não esteja sujeito a nenhuma transformação criativa, que não esteja em diálogo com sua criação – e sim, de outra forma, um Deus imanente, inserido nas leis da física, ou algo similar.

Então, o relacionamento entre o vácuo e o Universo sugere um Deus que seria identificado com o sentido básico de direção da expansão do Universo. Esse conceito de Deus imanente não impede que haja um Deus transcendente; no entanto, devido ao nosso conhecimento do Universo, o Deus imanente, ou seu aspecto imanente, nos seria mais acessível.

Assim, Danah Zohar descreve sua tentativa de trazer o conceito de Deus para a realidade humana – pelo menos um conceito onde a consciência criativa estaria alinhada a todo um processo dentro de um quadro maior, com esta divindade imanente ao processo. Ela não radicaliza o conceito, ao contrário: se abre para a possibilidade de um Deus transcendental e respeita aqueles que acreditam nessa ideia, procurando harmonizá-los. O fundamental, mais uma vez, é o esforço que se faz para expandir e encontrar novos conceitos da física quântica na formação e relacionamento com o Universo.

Zohar o faz e busca uma nova percepção para o conceito e presença de Deus, como que tateando com cautela um território bastante inseguro. Pelo menos, Ele está livre para ser introduzido neste novo universo, e não mais atado e manipulado por qualquer sistema que diz representá-Lo.

5. Amit Goswami

A meu ver, ninguém contribuiu mais para a desmistificação do materialismo científico clássico do que Amit Goswami, doutor em física quântica, professor da Universidade de Oregon e autor de inúmeros livros, como *A Física da alma*, *O universo autoconsciente*, *Criatividade quântica* e *Deus não está morto*, entre outros. Nas primeiras páginas de *O ativista quântico*, ele diz:

> A ciência descobriu a espiritualidade. Hoje, há uma teoria científica consistente sobre Deus e a espiritualidade com base na física quântica e no primado da consciência (a ideia de que a consciência, e não a matéria, é a base de

toda a existência). E temos dados experimentais replicados apoiando essa teoria.

Goswami declara ainda no mesmo texto: "Você pode chamar a 'nova ciência' de 'ciência de Deus', mas não precisa fazê-lo."

Ele explica que, na nova ciência, Deus não existe como um imperador todo-poderoso, fazendo julgamento a torto e a direito. O que existe é uma inteligência que se espalha e que se infiltra e que também é o agente criativo da consciência – e que você também, se quiser, pode chamar de Deus.

Goswami não tem medido esforços para proclamar em todos os cantos, nações e continentes suas descobertas sobre a relação entre Deus e a ciência. Para esse renomado físico indiano, conferencista e pesquisador, filho de um guru hinduísta, foi um grande desafio aliar seu trabalho de conhecimento científico à espiritualidade com a fé. Goswami tem desafiado a ciência clássica e a física newtoniana a abrir uma janela para os fenômenos espiritualistas em consonância com as equações e a percepção da física quântica.

Para Goswami, Deus é tanto transcendente ao mundo quanto imanente a ele. Antes do advento da física quântica, os mestres espirituais tentavam mostrar que a relação entre Deus e o mundo não é dualista. Quando as pessoas questionavam essa afirmação, justificando ser vaga, dizia-se que Deus era inefável, o que só aumentava, para as pessoas sob a égide da razão, as dificuldades de se compreender a sabedoria espiritual. Na nova ciência, a relação entre Deus-consciência e a consciência comum do próprio ego é clara. Enquanto, na última, conexões e comunicações devem usar sinais, na primeira, a comunicação sem sinal é a norma.

Goswami declara ainda que os pioneiros na física quântica fizeram progressos ao mostrar a inadequação do materialismo científico:

> Heisenberg apegou-se à ideia de uma potente quântica fora do espaço-tempo; Bohr apegou-se à sua ideia de saltos quânticos descontínuos; e Einstein nunca se entendeu com o determinismo estatístico. No processo de abalar a visão clássica de seus contemporâneos, eles mesmos sofreram uma transformação parcial. Einstein tornou-se humilde: "Não descobri a relatividade apenas com o pensamento racional", disse, já mais velho. Bohr aceitou de tal maneira a complementaridade em seu modo de vida que usou o símbolo do "yin-yang" sobre o seu brasão de armas quando o rei da Dinamarca o fez cavaleiro. Schrödinger passou a estudar a filosofia hindu do Vedanta e disse, após uma experiência super "consciente": "Eu sou o mundo todo." Wolfgang Pauli sonhou com o arquétipo budista da compaixão, trabalhou em seu sonho com o psicólogo Carl Jung e endossou o revolucionário conceito do novo paradigma da sincronicidade – coincidências devidas a uma causa comum não local. E Heisenberg praticou um fundamento básico do modo de vida de um ativista quântico – complementando o fazer com o ser. Depois de iniciar alunos num problema para tese de doutorado, disse-lhes para relaxarem durante duas semanas antes de tornarem a lidar com o problema.

Portanto, para Goswami, esses cientistas citados tiveram conflitos específicos e se tornaram de alguma maneira "buscadores" de uma perspectiva de existência maior do que apenas a materialidade simples e específica – como é próprio da percepção espiritual coerente com sua herança ou *backhall*. A percepção da consciência em nossa ciência, coisa que a física quântica nos força a fazer, é suficiente para Goswami, que ainda afirmou:

> Como codificou o psicólogo Carl Jung, além de sentir o externo, há outros aspectos internos discerníveis de nossa experiência consciente, consistentes em pensamentos, sentimentos e intuição. Desses três, sentimento e intuição não são computáveis, por isso não podemos sequer processá-los.

O que sentimos? Sentimos movimentos semelhantes a energias que, com instrumentos materiais, não podemos medir. Na China, chamam esses movimentos de Chi; na Índia, são chamados de Prana; e no Ocidente são chamados de energia vital. Essas culturas antigas criaram todo um sistema medicinal baseado no conceito de energia vital, como a acupuntura e a Ayurveda, que não podem ser reduzidas a uma medicina alopática tradicional.

Goswami introduz ainda o conceito de espiritualidade e percepção divina no universo quântico da humanidade da seguinte forma:

> A beleza do novo paradigma é que a causação ascendente de cunho materialista e a causação descendente que coloca Deus no cenário, ambas, juntas posicionam-se para nos proporcionar a realidade manifesta. Materialidade e espiritualidade se integram.

Goswami acrescenta ainda que a física quântica é a lei obedecida pelas possibilidades da consciência e que ela é de fácil comprovação científica. Para ele, a realidade "consiste na consciência, tanto em seu aspecto não manifesto como no manifestado".

O cientista acredita ainda que a consciência não é nem um produto material do cérebro nem um objeto duplo, mas que, na verdade, é a base de toda existência, na qual os objetos materiais existem como possibilidades. E que no evento da mensuração quântica, a consciência (na forma do observador) escolhe a realidade que ela vive de fato dentre todas as possibilidades oferecidas. Ou seja, a escolha consciente é responsável por manifestar tanto a proverbial árvore caindo na floresta quanto o "eu", que ouve o som da queda. E, sem observador, não há som e nem sequer árvore.

Para Goswami, redescobrimos Deus dentro da ciência. Ele conclui que a consciência quântica, que precipita a causação descendente (uma eventual interferência do observador no universo das possibilidades gerando uma realidade que poderia ser atribuída a uma ação sobrenatural) de uma escolha entre possibilidades quânticas, é aquilo que as tradições espirituais esotéricas chamam de Deus.

De todos os trabalhos do doutor Amit Goswami, o mais ousado foi *Deus não está morto*. Nesse livro, ele começa declarando que, no núcleo básico de todas as religiões, há mais concordâncias do que discordâncias. Ele reconhece que elas se alinham nos seguintes pontos:

Primeiro: Deus é um agente de causação descendente, acima da causação que provém do nível terreno e mundano.

Segundo: há níveis de realidade mais sutis do que o nível da matéria.

Terceiro: há qualidades divinas – o amor é uma das mais importantes – às quais todas as pessoas deveriam aspirar e que a religião deseja mostrar e ensinar.

Goswami prossegue apresentando-nos dois tipos de evidências científicas para a existência de Deus. Ele fala das "assinaturas quânticas do divino": as novas visões que a física quântica trouxe desde o início do século passado, segundo ele, apenas se tornam explicáveis se incluirmos o conceito de Deus. E o segundo tipo de evidência científica para a existência de Deus está no chamado "domínio sutil da realidade". Ele acentua a mesma análise feita por outros cientistas, entre eles Danah Zohar: "O legado das religiões à humanidade nos níveis da ética e dos valores tem sido corroído pela atual visão materialista de mundo, com resultados devastadores."

Em seu outro livro, *O universo autoconsciente*, ele declara que o "realismo materialista não deveria ser uma filosofia para a física" e propõe o "idealismo monista" – visão filosófica para a qual a consciência, e não a matéria, é o agente básico da realidade. Goswami afirma ainda que o modelo materialista não tem propósito e conclui que a "flecha biológica do tempo" só pode ser explicada quando se inclui o conceito de Deus como criador da vida e como o impulso causal por trás da evolução da vida, decorrente dos saltos quânticos.

Embora apresentando um conceito de um Deus diferente do "dualista", por exemplo, do cristianismo, em que sua imagem é revelada como uma entidade que se abriga em duas faces, ele se torna o Deus agente da causação descendente no mundo espiritual – e que intervém em outro sistema, o mundo material.

Goswami defende a visão de Deus que tanto é transcendente como imanente. Ele tanto extrapola o mundo da matéria como interage com ele. Deus seria a consciência quântica – e não apenas com consciência, no conceito fisiológico que procede do cérebro, mas também subjacente a ele.

O cientista cita a contradição entre os conceitos de realidade para a ciência materialista, que entende a realidade formada a partir das partículas elementares, quarks e elétrons, que produzem a causação ascendente (e são os elementos básicos da provocação de nossas realidades), e para a física quântica. Nesta, "não há objetos materiais manifestados independentes dos sujeitos observadores". Para a física quântica, os objetos são ondas de possibilidades da consciência; portanto, é a consciência, e não a matéria, a base da existência. E pela mensuração ou observação, a consciência converte a possibilidade em realidade – no chamado "colapso da onda". E ele cita ainda um texto do evangelho de João (3:6 e 6:63): "A carne surgiu por causa do espírito, e a carne para nada serve, o Espírito é quem dá a vida."

Goswami passa a definir a partir desse conceito de "consciência quântica" o agente criador da realidade, inclusive da matéria. Não existe realidade material absoluta independente do observador.

Finalmente, faz-se necessário abordar sua visão científica das "lacunas fósseis". Para ele, o fato de os neodarwinistas acreditarem no "evolucionismo promissivo", ou seja, nas lacunas do processo evolucionista – que ainda não foram preenchidas, porém mais cedo ou mais tarde serão –, está defasada. Já tivemos tempo suficiente para encontrar tais lacunas.

Goswami trata também da visão criacionista literal linear, em que a coerência bíblica somente pode ser aceita se a criação foi um ato instantâneo. Esse simplismo criacionista parece não ser coerente, como dito anteriormente a respeito do bispo Ussher.

E aborda ainda a teoria do "design inteligente", da qual discorda parcialmente, e aponta a flecha biológica do tempo como fator em que o propósito da criação é vir da simplicidade para a complexidade dos organismos vivos.

Experimento do Potencial Transferido

Goswami cita como um dos experimentos mais bem-sucedidos o chamado "potencial transferido", que, segundo ele, foi publicado na revista *Physics Essays*, em 1994. O experimento foi conduzido em 1993 por Jacobo Grinberg-Zylberbaum, que tentou demonstrar a não localidade quântica para dois cérebros correlacionados. Duas pessoas meditaram juntas com a intenção de manterem uma comunicação direta (sem sinais, não local); após 20 minutos, foram separadas (mas ainda mantendo a intenção de comunicar-se), postas em gaiolas de Faraday (câmaras a prova de interferência eletromagnética) individuais, e cada cérebro foi ligado a um eletroencefalógrafo (EEG). Mostrou-se a um dos indivíduos uma série de lampejos luminosos, produzindo em seu cérebro uma atividade elétrica que fora registrada no eletroencefalógrafo do qual se extraiu um potencial evocado com a ajuda de um computador subtraindo seu ruído cerebral. De algum modo o potencial evocado foi transferido para o cérebro do outro sujeito, conforme indicou o EEG deste indivíduo que mostrou (após a subtração do ruído) um potencial transferido similar ao potencial evocado em fase e intensidade. Segundo Goswami, esse experimento comprova a total correlação entre a capacidade de comunicação do potencial transferido, ou seja, "cérebros se comunicam", realidades são formadas por consciência.

Além desse, temos os experimentos com base no DNA humano, que vieram abalar tremendamente a confiança da chamada ciência clássica e a sua percepção de mundo.

O experimento de Poponin

O biologista quântico Vladimir Poponin, ao lado de seus colegas e de Peter Gariaev, da Russian Academy of Sciences, comprovou algo extremamente intrigante do ponto de vista científico ao fazer um experimento chamado de *DNA Phantom Effect*. Eles removeram todo o ar de um objeto especialmente projetado, criando o vácuo. Usando equipamentos de elevada precisão, eles conseguiram medir a localização das partículas de fótons dentro do tubo. Perceberam que essas partículas estavam espalhadas por toda parte – algumas, inclusive, haviam até aderido à lateral do vidro. Tal percepção era esperada, uma vez que os fótons estavam distribuídos de uma maneira desorganizada no recinto.

Posteriormente, Poponin e seus colegas introduziram amostras de DNA humano no tubo fechado. E o que se percebeu foi algo assustador: as partículas de luz (fótons) assumiram uma atitude absolutamente imprevisível; em vez de permanecerem distribuídas e espalhadas, conforme estavam anteriormente, elas se organizaram de maneira completamente diferente na presença do material humano. O DNA humano estava exercendo influência direta nos fótons, como se estivesse imprimindo regularidades a ele por meio de uma força invisível. A ciência não estava preparada para explicar esse fenômeno.

Surpreenderam-se mais ainda com a segunda fase do experimento. Eles retiram o DNA humano do interior do tubo, acreditando que as partículas voltariam à posição desorganizada anterior, o que não aconteceu. Os fótons permaneceram ordenados e organizados como se permanecessem na presença do DNA humano. Isso levou Poponin a concluir que o DNA humano exerce uma influência absoluta na organização das partículas invisíveis. A partir disso, conclui que, do ponto de vista científico, está comprovado que Deus colocou o ser humano como senhor da Terra para que toda natureza esteja sujeita a sua influência.

No livro *Deus não está morto*, Goswami aborda o diálogo entre um "cientista materialista, um teólogo cristão e um filósofo ocidental". Em determinado momento, o cientista materialista atribui a "fenômenos cerebrais" as sensações religiosas da "presença de Deus", manifestadas nos rituais religiosos cristãos, mais precisamente no "lóbulo temporal direito", onde se formam as sensações "extrassensoriais". Embora este argumento em nada invalide o epifenômeno da espiritualidade, pelo contrário, pode reforçá-lo, "por que o homem foi dotado desta faculdade?". Não confirma a tese do genecista Dean Hamer de que "o homem foi dotado da faculdade de crer"?

Goswami declara que a primeira e a mais forte evidência científica da existência de Deus é a vasta evidência a favor da validade da física quântica (que praticamente ninguém mais questiona) e da validade de nossa interpretação particular da física quântica (a qual alguns ainda questionam). E coloca a segunda evidência da assinatura da existência de Deus da seguinte forma: "Fenômenos nestes domínios não materiais são problemas impossíveis para o modelo materialista da causação descendente (por exemplo, a sensação e o pensamento). Por isso, a causação descendente de Deus é um problema que exige uma solução impossível (do ponto de vista materialista)."

E o cientista diz ainda:

> Nos séculos XV e XVI, a religião era a grande inquisidora e a causa de muitas atrocidades cometidas na tentativa de silenciar a ciência. Hoje, porém, podemos ver uma irônica inversão de papéis: a ciência, sob a influência do materialismo, tornou-se a grande inquisidora, exibindo sua arrogância e declarando Deus e o sutil como sobrenaturais e supérfluos.

E pergunta: "Como podemos afirmar que Deus foi redescoberto na ciência?" Podemos afirmar porque agora uma teoria científica baseada na hipótese de Deus explica com todos os detalhes científicos como o impossível se torna possível e como as lacunas são preenchidas. A começar pela física quântica, pelos seus experimentos já citados, vimos o surgimento dessa realidade.

E mais importante ainda: algumas das previsões cruciais dessa teoria já foram comprovadas nos meios científicos experimentais. Nos próximos anos, poderemos esperar muitas outras comprovações dessa nova ciência em laboratório.

Foi em 1970 que Fred Alan Wolf, um dos maiores especialistas em física quântica, proferiu a evocativa frase: "criamos nossa própria realidade", não em nosso estado normal de consciência, mas sim em um estado não-comum de consciência. A consciência é a base de toda existência, que agora podemos aceitar como aquilo que as tradições espirituais chamam de Deus.

E Goswami ainda relata, no capítulo 7 do livro *Deus não está morto*, "Como Deus cria o Universo e a vida que há nele", a experiência de Helmut Schmidt, parapsicologista, que com seus colaboradores em 1993, cria a chamada psicocinese, a movimentação da matéria com a intenção consciente, com relativo sucesso, ramo científico que está em franco desenvolvimento na atualidade.

Goswami afirma também que "o ego quer receber os créditos". Felizmente, esse é um hábito apenas de pessoas criativas menores; as grandes pessoas criativas – os Einsteins, os Bachs, e os Gauss – nunca se esquecem de dar crédito a quem o merece: Deus.

6. Gregg Braden

Gregg Braden, autor best-seller do *The New York Times* e conferencista internacional, tem feito um grande esforço como professor e pesquisador no sentido de dar uma explicação espiritualista aos experimentos feitos recentemente pela ciência. Tanto os experimentos da física quântica quanto da biologia são vistos por Braden como indicativos de uma espiritualidade presente no Universo.

Em seu livro *O efeito Isaías*, Braden analisa o experimento de Poponin como a comprovação da influência e da integração do ser humano com a complexidade do Universo. No experimento, o DNA humano rearranja as demais partículas dispostas aleatoriamente no recipiente, "colocando-as em ordem". E elas continuam na nova posição mesmo após a retirada do DNA humano. Para ele, esse experimento comprova o efeito da influência direta do material vivo.

O DNA fantasma exercia influência absoluta sobre as partículas do mundo invisível, levando a acreditar que uma nova estrutura de campo fora exercitada. Ou seja, para Braden, "existe um tipo de energia que não era reconhecida no passado".

Braden cita ainda um experimento publicado em 1993 no *Journal Advances*, em que o exército americano executou experimentos para precisar a influência da ação humana no DNA mesmo após a separação do seu doador e posteriormente saber a que distância haveria ainda essa influência.

Os pesquisadores começaram por reunir DNA do interior da boca de um voluntário. A amostra foi isolada e levada para outra sala no mesmo edifício. E então eles começaram a investigar o fenômeno que a ciência afirma que não deveria existir. Em uma câmara especialmente projetada, o DNA foi medido eletricamente para verificar se ele respondia às emoções da pessoa de quem ele havia sido retirado. O doador ficou confinado em uma sala distante dali, em alguns casos, dezenas de metros. Nessa sala, diversas imagens de vídeo estavam sendo mostradas ao doador. A exibição dos vídeos tinha sido montada tencionando despertar emoções no espectador – e incluía cenas de guerra, cenas eróticas e comédia. O que se desejava era que o doador experimentasse um espectro de emoções reais durante um breve período. Enquanto isso, as repostas do doador e as reações do DNA eram observadas e registradas em outra sala.

O que se observou foi que, quando o doador sofria influência e manifestava altas e baixas emoções, seu DNA mostrava uma poderosa resposta elétrica no mesmo tempo. Apesar da distância do doador e das amostras, elas continuavam correlacionadas. Foram aumentando tal distância e o DNA ainda respondia como se estivesse conectado ao corpo que o gerara. O que se concluiu é que existe uma completa e total correlação entre o doador e seu DNA, não importando a distância por que estejam separados. Para Braden, existe uma forma de energia que une os tecidos vivos. E as células e o DNA se comunicam por meio desse campo de energia. E isso prova que a emoção humana exerce uma influência direta sobre o DNA vivo.

O que concluímos é que, mais uma vez, a vida humana está absolutamente correlacionada e existe um mundo imperceptível composto por um campo ético, uma unidade mais completa, concebida a partir de níveis de energia – parte deles condensada em matéria e outra não, mas, de qualquer forma, correlacionados como um todo. As lições tiradas dessa experiência são inúmeras, como, por exemplo, a responsabilidade que temos de nos protegermos de emoções negativas – já que conhecemos a relação que as emoções produzem em nosso DNA.

Percebeu-se também que, sob as pressões e as influências emocionais as quais o doador foi submetido, esse DNA retirado de seu corpo passava por estresse, muitas vezes se encurtando ou se alongando. Sob pressão, ele se encurtava; sob emoções prazerosas, ele se dilatava. Isso fortalece o que já sabíamos por intuição: que quando estamos sob a influência de notícias negativas ou ruins, estamos estressando nosso DNA e criando campos energéticos negativos.

Gregg Braden cita ainda um terceiro experimento sobre o DNA humano, realizado entre 1992 e 1995 pelos pesquisadores Glen Rein e Rollin McCraty. Eles mediram, através de técnicas de alto gerenciamento mental e emocional, a relação entre a mente e as emoções do DNA dos seus doadores. Usando cinco pessoas treinadas na aplicação das emoções, para análise do DNA tanto química quanto visualmente, os pesquisadores eram capazes de perceber as mudanças no DNA sob a influência das emoções. O que se percebeu, sem nenhum contato físico entre os doadores e seus DNAs, foi que os doadores eram capazes de influenciar as moléculas de seu DNA no béquer onde estavam armazenadas. Sob influências emocionais positivas, alegres, pacificadoras e que produziam sensação de felicidade, o DNA se desenrolava. Debaixo de condicionamentos que produziam medo, estresse e pânico, o DNA se enrolava e se encurtava – isto ficou conhecido como "emoção coerente".

Todas essas experiências nos levaram a concluir a unicidade do Universo – e também que a vida humana é absolutamente entrelaçada. Não podemos separar as atividades dos sentimentos, dos pensamentos e das atitudes que elas produzem em nós. Pois, por outro lado, elas afetam as moléculas do nosso corpo, conforme vimos no experimento acima. O que por sua vez tem o poder de alterar ou afetar os fótons e as partículas invisíveis do mundo quântico.

7. Masaru Emoto

Conclusões semelhantes às das experiências citadas por Gregg Braden podem ser encontradas no livro *A mensagem da água*, de Masaru Emoto. Embora essa experiência não tenha comprovação científica *a posteriori*, vale menção pela farça de suas conclusões.

Fotógrafo com ênfase em fotos de dimensões digitais e quânticas, Emoto as publicou usando tecnologia avançada e lentes com efeito microscópico. Ele fotografou a água, registrando todas as conclusões em seu livro *A mensagem da água*.

Masaru fotografou a palavra "obrigado", escrita em etiquetas que foram coladas na parte debaixo de um copo d'água. O resultado dessa experiência foram estruturas moleculares belas, com cristais bem estruturados e definidos. O fotógrafo então refez a mesma experiência, trocando a palavra colada no fundo do copo para "seu idiota". O resultado é uma estrutura molecular surpreendente. Enquanto, na primeira experiência, seu formato era uniforme e formava belos triângulos, a estrutura molecular da água sobre a palavra "seu idiota" era revoltosa, confusa e sem forma.

Masaru continuou fotografando os cristais e as moléculas da água sobre determinadas expressões. Por exemplo, a expressão "você me enche o saco, eu te mato!" produz a foto mais dramática registrada em seu livro. É uma imagem horrorosa.

O resultado das experiências de Masaru Emoto é a percepção do mundo quântico através das lentes digitais, mostrando como as palavras e as intenções humanas são percebidas e captadas pelo mundo quântico, influenciando e dando forma às suas moléculas e estruturas. Mais uma vez, confirma o que já sabíamos: o agente humano é decisivo para a observação da vida no planeta. O universo reage à forma como vivemos e à maneira como nos relacionamos uns com os outros, com o nosso Criador e com o Universo em si.

Ainda na perspectiva da influência do mundo físico, especialmente o Universo construído pelo ser humano, Eduardo Punset entrevistou o professor e doutor Tom Kirkwood, gerontologista da Universidade de Newcastle, genecista e especialista em estudos sobre o antienvelhecimento. Kirkwood defende que o envelhecimento é, na realidade, fruto do acúmulo de danos nas células e nos tecidos ao longo da vida.

Punset fala ainda das células imortais, ou "células germinais", que estão presentes no corpo humano. Ele cita que existem cientistas que acreditam que os átomos do corpo humano são eternos e que 99% de nosso organismo é formado por átomos. Para ele, esse é o grande paradoxo: "O ser humano está condenado à morte, embora seja formado por células imortais e átomos quase eternos."

Isso parece indicar mais uma vez a correlação dos chamados "universos paralelos" – ou seja, o ser humano foi criado por Deus para a eternidade, porém caiu pela ocasião do grande acidente cósmico para a posição humana atual.

8. Herb Gruning

Um novo livro tem abordado o tema do diálogo entre ciência e religião: *Deus e a nova Metafísica*, de Herb Gruning. A obra mostra os conceitos básicos da física quântica em sua origem – como dualidade onda-partícula da luz e sua capacidade de se expressar pelos fótons, ocupando órbitas simultâneas sem passar por posições intermediárias e sem intervalos de tempo.

Gruning chega ao ponto de declarar a existência de uma característica quase mágica de algumas partículas subatômicas: a de se mover "para dentro e para fora da existência". Citando o físico Paul Davies, fala da possibilidade de não existir nenhuma partícula elementar, devido ao seu caráter dependente de outras.

Abordando a teoria da relatividade de Albert Einstein – para quem não existe espaço nem tempo absoluto, e a matéria se reveza com a energia, sendo a primeira energia comprimida e relativamente estável, enquanto a segunda é um estado disperso e excitado da matéria –, Gruning cita ainda a frase de John Wheeler sobre o relacionamento entre o espaço e a matéria: "O espaço diz à matéria como deve mover-se, enquanto a matéria diz ao espaço como deve curvar-se."

E lembra também uma das fundamentais conclusões da teoria da relatividade de Einstein: a matéria não pode ser separada do espaço e do tempo. A consequência disso é que o espaço e o tempo foram criados no mesmo instante – e que tudo indica serem produtos do Big Bang no ponto de singularidade (obviamente, aceitando o Big Bang como a teoria que explica a origem do Universo). Concluímos, portanto, que espaço, matéria e tempo são pertinentes a esse sistema.

Gruning afirma que a "flecha do tempo", que aponta o processo de evolução dos seres mais simples em direção aos mais complexos e é percebida no mundo do macrocosmo, não se faz refletir no mundo das micropartículas. Nesse mundo, ela não apresenta nenhuma preferência pelo passado ou pelo futuro, em termos de sucessão de eventos. Sendo assim, tanto os eventos podem evoluir para o futuro como podem retroceder ao tempo anterior, com possibilidades inclusive de alterar suas trajetórias.

De forma espetacular, Gruning aborda como ninguém o debate entre Einstein e Bohr, prioritariamente sobre o princípio da incerteza de Heisenberg, ou seja, a incapacidade de se ter informações exatas sobre a posição e o momento de uma partícula. Não podemos captar ao mesmo tempo a velocidade e a posição dessa partícula.

O princípio da incerteza – ou indeterminismo – é a base do mundo, no sentido de ser intrínseco à natureza. E a consequência disso é que o presente não necessariamente determina o futuro. Na realidade, percebe-se que no mundo quântico, além da possibilidade "natural" de o presente determinar o futuro, à semelhança do que ocorre no mundo macroscópico, há também a possibilidade "antinatural" de o presente não determinar o futuro.

Essa foi a base do raciocínio de Niels Bohr, que afirmou que o "indeterminismo era essencial para o mundo físico". E que "o observador e o mundo estão ligados de uma forma intensa, tanto que muitas propriedades das partículas atômicas sequer existiam antes do ato da observação".

Gruning avança, abordando o diálogo entre Einstein e Bohr e suas escolas. Tanto o realismo e o determinismo defendidos por Einstein como o indeterminismo, da escola de Copenhagen, tomam o cenário das discussões científicas. Experimentos posteriores confirmaram o ponto de vista de Bohr, para quem "o cosmo está fundamentalmente interconectado, interdependente e inseparável".

Gruning reconhece que, pelos resultados da mecânica quântica, o indeterminismo de Niels Bohr venceu o determinismo de Albert Einstein. E que parece, sim, que Deus não apenas "joga dados", como também deve apreciar o divertimento. Temos diante de nós a perspectiva de poder ver SUA evidência em toda parte ou em parte alguma. Gruning finaliza alertando que, se existir a possibilidade de encontrarmos Deus, será muito mais por aquilo que descobrirmos a respeito do mundo, e não pelo fracasso em descobri-lo.

Ele cita ainda o cientista e teólogo Arthur Peacokc, que afirmou que "a ciência sozinha é incompleta, por não ser capaz de nos contar nada a respeito de nossa própria subjetividade". E diz ainda que, "com respeito às visões fugazes, às pistas ou aos traços de divindade que podemos encontrar no cosmos, tudo vai depender daquilo que uma pessoa está procurando e tem abertura para achar". Para ele, os elementos metafísicos e as convicções religiosas não somente exercem um papel no desenvolvimento das teorias como nos inclinam também a apoiar certos conceitos e não outros. E cita as particularidades de cientistas que enxergam a história pela flecha do tempo ou que têm um forte interesse teológico pela história.

Gruning evolui seu pensamento para a relação entre a ciência e a religião, que a seu ver "devem estar mais intimamente relacionadas do que previamente se suponha". Ele cita o físico Paul Davies, para quem a ciência deveria ser vista mais como a criação de quadros ou de modelos da realidade, que nos permite relacionar uma observação à outra sistematicamente, do que como uma busca pela verdade. E arremata dizendo que "a ciência pode nos contar o que podemos conhecer a respeito do Universo, e não aquilo que de fato ele é".

Gruning cita ainda o físico alemão Willem B. Drees, para quem "tanto a ciência quanto a religião são as duas principais rotas ao longo das quais podemos explorar a realidade, e que elas também podem compartilhar instrumentos, embora isso em si mesmo não leve à diminuição de seus conteúdos".

Herb Gruning aborda a visão comum, aceita atualmente, de que a "cultura científica oficial" goza de "verdade absoluta e transcultural". E enfoca o esforço do americano, ph.D em história da ciência, Morris Berman, que percebeu rachaduras e fragmentos na estrutura do edifício epistemológico da ciência, em desabilitar essa linha de pensamento. Traz também a citação de Berman sobre Kant, como provável primeiro filósofo ocidental a perceber que a mente não apenas é bombardeada pelas impressões dos sentidos, mas que, de fato, é uma função remodeladora daquilo que se percebe.

Gruning afirma: "O que nos sobrou foi que 'não há uma realidade fixa', somente um conhecimento adequado às circunstâncias em que foi gerado."

Para ele, a ciência tornou-se "a mitologia integradora da sociedade industrial", gerando um sistema inteiro disfuncional.

A perspectiva de tanto estar em um lugar como em outro ao mesmo tempo, sem comunicação de qualquer espécie, ou seja, sem áudio, sem imagem, sem nenhuma forma de onda, sem uso dos sentidos humanos semelhante a uma transmissão de um pensamento (como se as partículas fossem humanas e tivessem alguma inteligência). Como isso não existe, concluímos que algo misterioso leva esta informação. Isso definitivamente é a conquista sobre o tempo e, consequentemente, sobre o espaço, tanto pelo material quanto pela energia. Isso não nos remete ao pensamento da possibilidade da vida antes da queda do homem?

Ou podemos imaginar que a sentença sobre a humanidade, trazendo a fugacidade e a instabilidade e não permanência do ser não teria atingido a dimensão das partículas subatômicas? Não estaria aqui um rastro da eternidade? Se o corpo tanto está aqui quanto ali, sem passar por posições intermediárias, isso não nos projetaria para uma vida plena?

Não podemos imaginar a vida humana nesta dimensão? Não seria este o primeiro estado de Adão, antes da queda, no qual ele poderia estar em diversas posições, sem passar por níveis intermediários?

Não poderia ser a descontinuidade a maldição da Gênesis?

Ou seja, queremos dizer que, antes da queda, Adão tinha a capacidade de viver realidades alternativas que permitiam a ele se comunicar diretamente com a divindade. Talvez o Senhor o tenha colocado numa posição importante na Via Láctea ou no Sistema Solar, que parece ter sido a posição que Lúcifer ocupava. Ou, independentemente desses sistemas, Adão poderia visitar dimensões temporais, atemporais e também dimensões diversas do espaço. O pecado pode ter fechado essa porta no sentido de ter incapacitado a mente do homem ou "prendido-a" a certas limitações, reveladas agora pelo formalismo e experimentos da mecânica quântica.

Aliás, faz-se necessário estabelecer o conceito das constantes de Planck. Ele estabeleceu que, mesmo neste vasto universo de energia, podemos ter alguma referência apenas sobre grandezas iguais ou maiores do que 10^{-33} centímetros. Ou seja, esse é o limite para a aplicação das noções básicas de espaço e tempo. É apenas uma suposição que nada exista além desse limite – fato hoje suspeito. O que sabemos, contudo, é que não temos nenhuma teoria capaz de adentrar esse território, por enquanto.

Se acrescentarmos aqui o conceito do "ponto de singularidade" – momento em que a gravidade e densidade do Universo seriam infinitas, estando elas confinadas a um ponto –, o limite do tempo de Max Planck seria 10^{-43} segundos. E, a partir disso, podermos ter um "limite para a explicação física normal".

A constante de Planck, portanto, seria um limite para a escala microscópica do espaço e tempo: não deveria existir nenhum objeto menor do que 10^{-33} centímetros. Aliás, a teoria geral da relatividade é que trata o conceito do "espaço-tempo" nesses limites.

Além disso, é preciso esclarecer que existe uma discrepância para a natureza do tempo nas realidades microcósmicas e macrocósmicas. Quando analisamos o tempo na esfera do macrocosmo, encontramos uma direção definida para o curso dos acontecimentos – podendo também ser chamada "flecha no tempo". Aqui, depois da ação, os eventos nunca podem ser revertidos ao estado anterior. A direção do movimento é irreversível. Se quebrarmos um copo ou se saltarmos de uma janela, o movimento será contínuo, unidirecional e irreversível. No microcosmo, entretanto, ele não tem orientação preferencial de direção: tanto pode ir para o futuro quanto para o passado. Foi isso que a física quântica percebeu pela "colisão entre duas partículas".

O tempo nessa dimensão tem movimentos livres – tanto para avançar quanto para retroceder. Poderia ser esse o limite entre o mundo material e o mundo espiritual?

Sem dúvida, esse fator traz a fronteira de mundos diferentes e percepções aparentemente conflitantes, pelo menos até este momento. O fato de explorarmos essa nova dimensão da existência nos projeta para uma realidade bem além do materialismo.

9. David Bohm

Físico norte-americano, David Bohm foi aluno de J. Robert Oppenheimer e, durante a Segunda Guerra Mundial, estudou os efeitos do plasma nos campos magnéticos, além de trabalhar para o desenvolvimento da bomba atômica. Trabalhou ainda com Einstein, na Universidade de Princeton.

Bohm fez significativas contribuições para a área da mecânica quântica e da teoria da relatividade. Ele chegou a uma teoria que desempenha papel importante nos estudos da energia de fusão – fenômeno hoje conhecido como "difusão de Bohm".

Seu primeiro livro, *Teoria Quântica*, publicado em 1951, foi considerado por Einstein a exposição mais clara já feita sobre o assunto.

Para David Bohm, o objeto ou a partícula – e, consequentemente, o corpo – são uma abstração de uma forma relativamente invariante. Ou seja: são mais parecidos com um padrão de movimento do que com coisas sólidas, separadas, que existem de maneira autônoma e permanente.

E não seria essa a transitoriedade da vida? Em vez de permanecer, a vida seria apenas um movimento frágil e fugaz. Tanto nossos corpos quanto a natureza e o mundo material se tornaram apenas uma breve projeção, ou um movimento, daquilo que poderia ser uma realidade definitiva. Isso evoca o conceito de dualidade, em que a partícula – e, portanto qualquer corpo – tanto pode ser encontrada em forma de onda (luz e consequentemente sua face imaterial) quanto como matéria.

Essa dualidade não pode indicar a face dupla do projeto da existência? Não é esse exatamente o esforço tanto de Jesus Cristo, quanto dos Apóstolos, de nos mostrar uma vida que transcende a matéria?

Quando Jesus Cristo ressuscita e aparece aos discípulos, como ele se manifesta? Não está Ele manifestado em um corpo que atravessa as paredes? O mesmo não aconteceu com o profeta Elias? Ou Enoque?

Usando as palavras de Bohm, as partículas – e toda materialidade, consequentemente – seriam um tipo de abstração do campo total, que corresponde a regiões de campo muito intensas, chamadas de singularidade. Ou seja, a matéria pode ser vista como energia concentrada. A equação clássica da relatividade prevê isto.

O conceito de eternidade seria simplesmente a vitória sobre o tempo. Se tivéssemos a capacidade de manter o ser ou o objeto material (aliás, nossa forma física biológica) tanto em forma de luz como em forma de partícula, estaríamos dando expressão à vida, na consciência pessoal.

10. Paul Davies

O professor, físico e escritor Paul Davies atualmente ocupa o cargo de professor de Filosofia Natural no Centro Australiano de Astrobiologia na Universidade de Macquarie, em Sydney. Doutor pela Universidade de Londres, trabalhou também nas universidades de Cambridge, Newcastle, Tyne e Adelaide. Atuando na pesquisa de cosmologia, teoria quântica de campos e astrobiologia. Em seu livro *A mente de Deus*, Paul Davies explica as funções da ciência e da transcendência, na tentativa de contribuir para a busca da compreensão da "mente de Deus", expressão usada por Stephen Hawking em seu livro *Uma breve história do tempo*.

> Se de fato descobrirmos uma teoria completa, ela deve com o tempo ser compreensível em linhas gerais por toda gente, não apenas por um punhado de cientistas. Então seremos todos, filósofos, cientistas e simples pessoas co-

> muns, capazes de tomar parte da discussão de por que o Universo existe. Encontrar a resposta para isso seria o triunfo máximo da razão humana – pois então conheceríamos a mente de Deus. (Stephen Hawking, citado por Michio Kaku, Hiperespaço, 2000.)

Aparentemente, a composição do Universo é consenso entre os cosmólogos de hoje: a maioria acredita que ele seja formado de 96% de energia escura e apenas 4% de matéria, incluindo todas as galáxias, com suas estrelas e planetas.

Da parte da chamada "energia escura", se pressupõe que menos de um terço poderia ser composto de matéria escura. O restante seria a composição da misteriosa e até então desconhecida "energia escura". Essa parcela de quanta de energia emanada do Big Bang não se uniu a outros quanta por terem se distanciado rapidamente, não dando tempo para a gravidade agir. Enquanto a matéria escura seria as partículas dos primeiros níveis que não se uniram a outras partículas e que também hoje orbitam em torno das galáxias. Por não terem formado átomos, não emitem luz.

Você pode imaginar o quanto nosso Universo ainda continua desconhecido para nós, mesmo depois de tantas pesquisas e tantos avanços tecnológicos?

Em seu livro *A mente de Deus*, Davies não nega um significado por trás da existência. "O fato de a ciência funcionar, e funcionar tão bem, aponta para algo de profundamente significativo na organização do cosmos." Ele declara como se sentiu impelido a adentrar o campo até então dominado pela religião – justamente o campo da pesquisa sobre a origem do Universo, a natureza do tempo e a unificação das leis da física.

Embora para Davies a maior beleza do método científico seja sua intransigente honestidade, a comunidade científica atual, para ele, apresenta exceções, com pesquisadores que ainda sustentam teorias já desacreditadas. O professor nos tem levado a uma direção confiável no quesito do conhecimento científico. Ele afirma que, na sequência do método científico em sua lógica, as perguntas terminais sempre estarão fora do alcance da ciência empírica. E, como já afirmado anteriormente, Davies acredita que o "*Homo sapiens* provavelmente não pode chegar ao fundo de tudo".

Provavelmente sempre haverá um mistério no fim do Universo, embora isso não deva bloquear o interesse pela busca da indagação racional até seu limite. Davies declara que o método científico chegou ao maior de todos os milagres: o de que "a ciência funciona". E de que o cosmos que nos rodeia é um "cosmos ordenado, racional e governado por leis precisas que podem ser descobertas pelo raciocínio humano".

Ele cita o fato de a comunidade científica ser permeada por um número expressivo de cientistas religiosos, embora poucos façam um esforço sincero e contínuo para harmonizar a ciência e a religião.

Davies declara que "parece haver um nível mais profundo de explicação" – e que se teria a liberdade de chamá-la "Deus", a gosto e preferência pessoal. E que a mente, onde se forma a "percepção consciente do mundo", não é um capricho, sem sentido e incidental, mas uma faceta absolutamente fundamental da realidade. Além disso, o professor escreve que mesmo os ateus têm uma profunda reverência pela natureza, fascínio e respeito por sua profundidade, semelhante à veneração religiosa.

Paul Davies diz ainda que, embora as pessoas tenham convicções religiosas irracionais, elas podem não estar necessariamente erradas – pois aceita-se que possa haver uma via de conhecimento (mediante o misticismo ou revelação) que passe ao largo da razão humana e a transcenda.

Ele define metafísica como o conceito de estudos para "além da física" e que tem relação com a natureza da pesquisa científica. Fazem parte dela temas como a origem, a natureza, a finalidade do Universo, a relação do mundo da aparência percebido por nossos sentidos e a sua realidade e ordem subjacentes e a relação entre a mente e a matéria e o livre arbítrio. Isso passa pelo envolvimento da ciência empírica, mas ela sozinha não será capaz de nos dar as melhores respostas a qualquer pergunta sobre o sentido da vida.

A realidade

Pode-se encontrar existência absoluta e imutável num mundo tão incerto e cheio de "vir a ser"? O que é absolutamente constante?

Vem daí a preocupação do alfabeto hebraico em não usar a expressão "eu sou", apenas "eu estou". No grego, ocorre algo semelhante: a tradução no presente do indicativo é sempre uma ação em progresso. Desta forma, se quisermos dizer "eu sou" em grego, seremos obrigados a traduzir "eu estou sendo" – que é uma ação em progresso, contínua. A ideia do "estou sendo" parece descrever um estado de constante transformação, assumindo estágios intermediários da existência.

Na mentalidade hebraica, apenas o Senhor Deus é eterno – e permanece o restante da criação. Nós, os homens, "passamos" transitoriamente. E consequentemente não temos o direito de dizer "eu sou" – apenas "eu estou". E no grego, "eu estou sendo".

Em qualquer situação que nos encontremos, essa posição é transitória e fugaz.

Paul Davies menciona ainda Platão, para quem a verdadeira realidade subsiste no mundo transcendente de ideias ou formas, imutáveis, perfeitas e abstratas. E a sensação de que algo deve ter dado início a tudo isso está entranhada na cultura ocidental.

Algo que não deve estar ao alcance da investigação científica, por ser de algum modo sobrenatural – ou estará acessível a uma ciência que ainda evoluirá na descoberta de leis supranaturais que englobem tais fenômenos.

Em algum ponto da cadeia explicativa, os cientistas chegaram a um impasse, um ponto onde não puderam mais avançar. Este ponto é a criação do Universo como um todo: a origem última do mundo físico. Com certeza, usando-se apenas leis materiais para se fazer uma leitura de um universo que não é apenas material, o alvo não será alcançado com perfeição, visto que a visão científica estaria incompleta.

Davies cita ainda Santo Agostinho, para quem Deus criou o mundo "com o tempo, e não no tempo". O cientista dá a entender que Santo Agostinho coloca Deus completamente fora do Universo físico. De acordo com Davies, Santo Agostinho também entendia que eternidade não era um tempo infinito, mas inexistência de tempo. E percebia haver uma harmonia na visão cristã com a descoberta do Big Bang, uma vez que ambas as visões tiveram um início definido. Vale lembrar que a teoria do Big Bang tem sido criticada por muitos cientistas e que outras teorias estão ocupando largo espaço no mundo científico em lugar dela.

Santo Agostinho, em um lance de genialidade ou inspiração, percebeu algo que até hoje permanece como a melhor visão cosmológica da criação do Universo, inclusive do ponto de vista da cosmologia científica. Para ele, Deus transcende o tempo; está "fora do tempo" e inclusive é o responsável por criá-lo, bem como a matéria e o espaço. Ou seja, Deus estava fora do Universo criando-o e, portanto, não existiu um momento anterior à criação dele.

A cosmologia científica aceita esse raciocínio na visão do Big Bang. Ou seja, se o Universo teve sua origem no tempo, "não poderia ter sido provocado por nenhum processo físico anterior", como escreveu Davies em seu livro *O jackpot cósmico*.

A preocupação sobre alguma coisa ter precedido o Big Bang vem de muito tempo atrás. Será que poderemos recuar no tempo até o momento em que ele para?

Ponto de Singularidade

Neste ponto de partida inicial, chamado "ponto de singularidade", a matéria estaria infinitamente comprimida, e o cosmos, confinado a um único ponto, onde a força gravitacional e a densidade da matéria eram infinitas.

A singularidade seria válida também para os fatores "espaço-tempo" – ou seja, seria também a origem do tempo, juntamente com a origem do espaço. As leis da física, portanto, não valeriam no ponto da singularidade e, portanto não podem servir a explicação alguma além, ou antes, deste ponto. E, caso se insista numa razão para o Big Bang, deve ser além da física ou no domínio da "metafísica".

E o momento inicial, o momento da criação? Será que a física pode chegar lá? Ele cita o físico e cosmólogo George Gamow, que evitou tocar nesse ponto, começando sua descrição do cosmos num momento em que a matéria já existia na forma de partículas elementares na visão científica dos anos 1950. E concluiu-se recentemente que o cosmos de Gamow se iniciava em torno de um centésimo de segundo, afirma Marcelo Gleiser (professor do departamento de Astronomia do Dartmouth College dos EUA).

Para Gleiser, podemos ainda chegar ao cosmos bebê, bem mais perto do "zero", até um trilionésimo de segundo após o Big Bang. E vai ainda mais longe ao afirmar que "podemos construir modelos que mostram que o Universo surgiu de flutuação do espaço com energia zero". Mas se essas especulações fazem sentido, não se sabe. Gleiser finaliza dizendo que "o que conhecemos do cosmos, depende das perguntas que fazemos e dos instrumentos que usamos para respondê-las. O cosmos que conhecemos reflete quem somos".

Para Paul Davies, quando as pessoas perguntam onde aconteceu o Big Bang, a resposta é: "Em nenhum ponto do espaço." O próprio espaço passou a existir com o Big Bang. E o que teria acontecido antes do Big Bang? A resposta é: "Não houve antes." O próprio tempo começou no Big Bang. Como vimos, Santo Agostinho proclamou, há muitos séculos, que o mundo foi feito com o tempo e não no tempo – e esta é precisamente a posição de grande parte dos cientistas modernos.

Mesmo assim, diz Davies, alguns de seus colegas dedicaram suas carreiras ao estudo da singularidade – e tanto Stephen Hawking quanto Roger Penrose ganharam renome na física teórica por suas demonstrações de teoremas relativos à singularidade. Não é proibido especular, porque o espaço-tempo não poderia ser continuado através da singularidade – ou seja, a rigor, não haveria nenhum motivo para que o espaço-tempo não pudesse existir do outro lado de uma singularidade. Mas esse raciocínio é inútil, porque, na singularidade, a curvatura e a densidade tornam-se infinitas, e todas as leis físicas que representam tudo isso ali findariam.

Portanto, o próprio tempo começou com o Big Bang, e perde-se o sentido sobre o que existia antes dele. E mais ainda, se não existia o tempo ou o espaço, para que fosse possível a ação de um agente causador antes do Big Bang, não podemos atribuí-lo a nenhuma causa física.

Voltando a Santo Agostinho, sua percepção tornou-se conhecida e amplamente divulgada devido a uma história que o perseguiu. Ela diz que, enquanto Santo Agostinho apresentava suas explicações sobre a origem do mundo, um participante, levantando sua voz, o questionou "e o que Deus fazia antes da criação do mundo?", ao que Santo Agostinho respondeu sem pestanejar: "Ele fazia o inferno para gente idiota como você."

Brincadeiras à parte, até hoje – e especialmente nestes últimos anos – os cientistas têm se desdobrado sobre essas perguntas e questionamentos. Até agora, a visão do Big Bang permanece como a mais aceitável, embora traga implicações desconfortáveis para a maioria dos cosmólogos – a não casualidade física do Big Bang, clamando portanto para um fator além da materialidade das leis científicas.

Davies ressalta ainda que, caso aceitemos o motivo do Big Bang fora do alcance da ciência e não optemos por uma "causa sobrenatural", teremos de aceitá-lo como fato bruto, sem um nível mais profundo de explicação.

A linguagem da matemática

As leis científicas eram vistas por Galileu, Newton e seus contemporâneos como pensamentos na mente de Deus, e sua forma "matemática elegante", como uma manifestação do plano racional de Deus para o Universo.

Davies penetra o mundo codificado da linguagem da matemática dizendo que "a ascensão da ciência e a idade da razão trouxeram consigo a ideia de uma ordem oculta na natureza, cuja forma era matemática e que podia ser desvendada por meio da investigação criativa. E o trabalho do cientista é decifrar este código cósmico, revelando assim o segredo do Universo".

Ele estabelece ainda que, a seu ver, as leis da natureza trazem em si uma metáfora informática – ou seja, elas codificam uma mensagem. E se a sustentação divina é retirada, a existência das leis torna-se um mistério profundo. E aparecem perguntas como "de onde vem?", "quem emitiu a mensagem?", "quem projetou os códigos?", "será que as leis simplesmente existem soltas no espaço?".

Davies analisa ainda a possibilidade de as próprias leis físicas serem "transcendentes". Isso as daria um status acima do evento do Big Bang. Para o cientista, se as leis pudessem adquirir as quatro propriedades analisadas no texto abaixo, elas estariam aptas a trazer uma explicação plausível – ou pelo menos melhor do que a ausência completa de um elemento causal antes do evento do Big Bang.

Veja a seguir as propriedades nomeadas por Davies:

Primeira: essas leis seriam "universais". Funcionariam infalivelmente em todos os lugares do Universo e em todas as épocas da história do cosmos.

Segunda: as leis teriam de ser "absolutas". Não dependeriam de quem estaria observando, nem do estado exato do mundo; os estados físicos seriam afetados pela lei, e não o oposto.

Terceira: elas seriam "eternas". O caráter intemporal, eterno das leis se reflete nas estruturas matemáticas utilizadas para modelar o mundo físico.

Quarta: a qualidade da "onipotência". Ou seja, nada lhes escapa.

Portanto, vemos que essas qualidades se nos apresentam extremamente exigentes, beirando uma inteligência própria e independente. Cairíamos novamente, portanto, no fator primordial de "algo transcendente". Davies cita John Wheeler, para quem "a física gera a participação do observador; a participação do observador gera a informação; a informação gera a física".

Ainda de acordo com Wheeler, a interpretação da mecânica quântica diz que a realidade física do mundo só se concretiza através dos atos de observação, que por sua vez geram observadores intrinsecamente entrelaçados. É daí que ele rejeita totalmente a noção das leis eternas, preferindo optar pelo conceito chamado "circuito autoexcitado" – que diz que o Universo físico retira tudo de sua própria existência. Mas isso seria um modo contínuo/perpétuo, que violaria as leis da termodinâmica: seria impossível existir uma máquina que produzisse energia indefinidamente e ainda fosse a fonte da sua própria energia e toda a energia do Universo. Isso nos projetaria para a busca de uma fonte fora do sistema que poderia satisfazer essa propriedade – que facilmente apontaria para o conceito de um Deus transcendental.

A natureza realmente se submete à regra "um lugar para cada coisa, e cada coisa em seu lugar". Vemos pela experiência que a natureza partilha do senso da economia e eficiência, beleza e sutileza matemática. A maioria dos físicos acredita que existe uma unidade elegante e poderosa sob a complexidade da ciência. E, descobrindo os truques matemáticos, se poderá entender o que a natureza usou para gerar um Universo interessante, diversificado e complexo, com base nessa simplicidade subjacente, diz Davies.

O cientista acrescenta ainda que, segundo a tradição cristã, "Deus projetou a natureza com habilidade e engenho consideráveis e que a tarefa da física das partículas é revelar parte desse projeto e a aparente sintonia fina entre as leis naturais necessárias para que a vida possa evoluir no Universo. Isso implica claramente que Deus projetou-o de forma a propiciar o surgimento da vida e da consciência. Significaria que nossa própria existência no Universo foi uma parte central do plano de Deus".

E segue ainda questionando, em nome da ciência: um projeto implica necessariamente em um projetista? E continua, dizendo que o Universo visto por nós é apenas um elemento de um imenso conjunto. Quando exposta como ataque ao argumento do projetista, a teoria afirma que todas as condições físicas possíveis estão representadas em algum lugar do conjunto e que a razão de o nosso Universo parecer projetado é que a vida e a consciência só podem surgir dos universos que têm essa forma aparentemente planejada. Assim sendo, não é surpreendente estarmos num universo ajustado de forma tão oportuna aos requisitos biológicos: ele foi antropicamente selecionado.

Quando se fala sobre princípio antrópico, mais uma vez é necessário nos voltarmos para o livro *O jackpot cósmico*, de Paul Davies. Nele, o cientista diz que, embora há muito os cientistas saibam que o Universo parece ter sido estranhamente adequado para a existência da vida, a maioria escolheu ignorar esse fato. Para Davies, discutir o princípio antrópico era quase como discutir algo religioso.

Hoje, porém, devido à teoria do multiverso, essa atitude mudou. Segundo essa teoria, a estranha afinidade do Universo com a vida se deve a um efeito de seleção imediato, sem evocar a Providência divina. E parte daí a análise da teoria dos "múltiplos universos ou outros mundos", teoria assimilada atualmente por grande quantidade de físicos e que evoca a interpretação da mecânica quântica pelo princípio da incerteza.

Na hipótese da existência desses múltiplos universos, as leis da física deveriam ser as mesmas em todos eles. A seleção de universos restringe-se aos que seriam fisicamente compatíveis com tais leis. Para essa opção, fica bastante restrita a possibilidade da regularidade da natureza nestes universos, se analisarmos grandezas como massa, partículas, intensidade de força e outras.

Davies fecha a questão: "Minha conclusão é que a teoria dos universos múltiplos pode explicar, no máximo, uma gama limitada de características, e, mesmo assim, se acrescentarmos alguns pressupostos metafísicos, que não parecem menos extravagantes que a ideia de um projeto." E acrescenta que, quando se trata da entrada da metafísica, a escolha é em grande medida mais uma questão de gosto do que científica. Mas segue seu raciocínio acrescentando que, em sua opinião, pode ser coerente acreditar ao mesmo tempo no conjunto de universos e num Deus projetista.

Paul Davies pergunta: sempre haverá um mistério no fim do Universo? Haverá um caminho para o conhecimento – mesmo um conhecimento último – fora dos trilhos da indagação científica racional e do raciocínio lógico? Muitas pessoas afirmam que sim. E chamam-no de misticismo ou espiritualidade.

Davies menciona ainda os físicos precursores da física, como Einstein, Pauli, Schrödinger, Heisenberg, Eddington e Jeans, que aceitaram o misticismo pelo fato de, em sua opinião, o pensamento místico ser antípoda do pensamento racional, base do método científico. E completa dizendo que o misticismo não é substituto para a indagação científica e o raciocínio lógico – enquanto puderem ser aplicados de forma coerente. E conclui ainda que a ciência e a lógica somente poderão fracassar se quiserem lidar com as "questões últimas" da existência. "Não estou dizendo que a ciência e a lógica provavelmente forneçam respostas erradas, mas que podem ser incapazes de tratar de perguntas do tipo 'por quê'? (diferente de 'como'?)"

No texto, Davies cita Einstein, que declarou ter "um sentimento religioso cósmico", que inspirava suas reflexões sobre a ordem e a harmonia da natureza. E o parecer de alguns físicos, como Brian Josephson e David Bohm, que acreditavam que as percepções místicas habituais obtidas por meio de meditações silenciosas podem ser um guia útil na formulação de teorias científicas. E vai além, lembrando Russel Stannard, que declarou ter a impressão de estar diante de uma "força irresistível de algum tipo, cuja natureza exige respeito e veneração"; e David Peat, que declarou "um notável sentimento de intensidade que parece inundar de sentido todo o mundo que nos rodeia... Sentimos que estamos tocando algo de universal e talvez eterno, de modo que um determinado instante do tempo assume um caráter majestoso e divino e se expande sem limite do tempo. Sentimos que desaparecem todos os limites entre nós e o mundo exterior, pois o que vivenciamos está além de todas as categorias e de todas as tentativas de apreensão por meio do pensamento lógico".

Para Davies, a "essência da experiência mística é uma espécie de atalho para a verdade, um contato direto e sem mediações com uma realidade última percebida".

E cita também Fred Hoyle, em sua experiência de férias na Escócia, onde teve a "revelação" da solução para uma integral complicada, em que estava trabalhando há algum tempo. Depois de um período de meditação, sua mente se iluminou, e a solução para seu problema matemático apareceu claramente.

E completa ainda o pensamento de Hoyle, para quem a "organização do cosmo é controlada por uma 'superinteligência', que guia sua evolução através de processos quânticos".

Davies conclui em seu livro que, embora muitos dos cientistas zombem da ideia da existência de Deus e resistam a qualquer conceito sobre metafísica, ele não partilha este sentimento. E que o acesso à explicação última parece estar vedado pelas vias do raciocínio lógico – se quisermos ir além, temos que trilhá-lo por outras vias de acesso – e que poderíamos, sim, adotar o conceito de "conhecimento" não racional. E a via mística pode ser uma opção.

O *Homo sapiens* carregaria a centelha da racionalidade que proporciona a chave para conhecer o Universo? Eis um enigma profundo, responde. Mas termina dizendo que não acredita nessa existência apenas por uma mera peculiaridade do destino, um acidente da história, um grito no grande teatro cósmico. Nosso envolvimento é íntimo demais. Nossa existência é intencional.

11. Lawrence Krauss

Um dos últimos esforços para demonstrar que o Universo veio do nada, sem um fator causal, está no lançamento do livro *A Universe from Nothing*, do físico norte-americano Lawrence Krauss, ex-titular da cadeira de física na Universidade de Case Western Reserve.

Essa é mais uma tentativa de trazer uma explicação científica dentro da visão de que poderia haver possibilidade de o Universo vir a existir a partir do "nada", em vez de ser resultado de alguma atividade criadora.

Krauss entende que, a partir do fato comprovado pelas equações da mecânica quântica de que no mundo subatômico as partículas surgem e desaparecem, o tempo todo, deduz-se que elas poderiam produzir, sob certas circunstâncias, um Big Bang.

Na instabilidade, as flutuações podem transformar as partículas continuamente, criando a possibilidade para um evento como o Big Bang se manifestar.

Em artigo publicado no jornal *Gazeta do Povo*, de Curitiba, o jornalista e escritor Marcio Antonio Campos comenta que o conceito do "nada", definido por Krauss, se parece mais com "ausência de matéria ou de partículas", e não com o vazio absoluto, definido pelos filósofos e teólogos.

Vejamos o que Lawrence Krauss afirma: "As estruturas que podemos ver, como estrelas galáxias, foram criadas pelas flutuações quânticas, do nada." E "99% do Universo é atualmente invisível para nós e composto por matéria escura e alguma forma de partículas elementares, que são misteriosas para nós".

Krauss declara que "o nada é instável". E afirma que "o espaço vazio é complicado". E que as partículas pipocam para dentro e para fora da existência, dentro de um período de tempo muito curto, em que não podemos vê-las diretamente.

O conceito de Krauss do "nada instável" se parece com um estado de alteração constante. Mas isso nos leva a um conflito porque, nos níveis básicos e fundamentais, o "nada é estável".

O artigo de Marcio Antônio Campos cita também o professor William Carrol, da Universidade de Oxford, em artigo para a revista *Prospect*, onde afirma: "Não se pode usar os modelos cosmológicos para rejeitar ou mesmo para confirmar a existência de Deus." Para ele, erra-se ao associar a criação a um início temporal. "O começo não deveria ser visto como o começo", diz.

E os conceitos da criação para a filosofia e teologia devem ser diferentes do conceito da ciência.

A criação entendida metafísica e teologicamente depende de Deus como causa, enquanto a ciência lida com processos de transformação. Por isso, as explicações naturais para se negar Deus são incorretas e insustentáveis.

"O fato de Deus ser a última causa não significa que não haja outras causas para o Universo criado", afirma, arrematando: "Os modelos de Hawking e Lawrence Krauss podem estar certos, mas as conclusões metafísicas que tiraram estão erradas." Ele lembra que essa diferença conceitual da criação do "nada" é antiga e vem desde São Tomás de Aquino.

Marcio Campos cita também as palavras de Carrol, que afirma:

> Assim como o Big Bang representa o começo deste Universo, mas pode não ser o começo de tudo que associamos ao ato criador, o fato de haver multiversos, ou de que tenha havido outro Universo antes do nosso, não nega o fato de que tanto um Universo eterno quanto um universo que teve início no tempo exigem uma causa última – um Criador. E finaliza citando Tomás de Aqui-

no, que ressalta que "não apenas a fé afirma que há um Criador, mas também a razão o demonstra".

O "nada" de Krauss também teve uma origem, pois ele é instável e palco de uma constante transmutação de partículas que aparecem e desaparecem constantemente. Isso exige uma origem anterior a este "nada", e voltamos, portanto, ao fator primário e causal.

É necessário um milagre muito grande para que esse nada se torne o agente causador de um Universo ordenado, complexo e com uma sintonia tão fina propensa à vida como o nosso.

Tanto os princípios antrópicos como o princípio da causalidade apontam nesta direção.

Krauss faz ainda uma declaração significativa: "Talvez nunca encontremos uma teoria que descreva porque nosso Universo é do jeito que ele é." Essa incógnita tem sido o ponto de encontro de muita gente com o transcendente. A insustentabilidade do nada absoluto nos leva de volta sempre ao fator causal e a alguma espiritualidade na base da existência.

O contraponto

Nas palavras do professor Antonio Delson de Jesus, "então, para todos os efeitos, o Universo não surgiu do nada do ponto de vista científico, mas de uma transformação que só foi possível por causa de coisas bastante reais – as tais partículas. E assim permanece a pergunta: 'quem deu origem a essas partículas primordiais?'".

Se dissermos que o nosso Universo é apenas um dos universos e que essas partículas poderiam ter vindo deles, continua a pergunta: "Como surgiu o primeiro universo no nosso conjunto de universos, se eles existirem?"

O ponto de vista teológico e filosófico peca na imprecisão de sua declaração.

"O Universo teria sido criado do nada, sob potente ação do Criador", afirma Antonio Delson. A imprecisão está no fato de a teologia e a filosofia não dizerem como isso aconteceu.

Para nós, essas partículas primordiais que geraram a matéria foram criadas do nada e no início do nosso Universo (pode ser que haja outros), o colapso entre elas gerou sua aniquilação e as condições para que o Universo viesse a existir entraram em uma sequência de transformações que fizeram a matéria sobreviver.

E se levarmos este raciocínio até as últimas consequências, teremos de admitir uma singularidade para o início, seja do Universo, seja para os multiversos, dos quais o nosso é apenas um componente. Assim, persiste a necessidade da existência da primeira causa.

E se dissermos que a matéria é eterna, e que no início houve um desequilíbrio entre a matéria e a antimatéria, o princípio do nada, se anulando, surge a pergunta: Então a matéria torna-se eterna? Pois então ela sempre existiu, e aí ela se tornaria Deus.

Apenas estaríamos substituindo nossa divindade? Em vez de um Deus Eterno e Supremo, o substituiríamos por um Deus matéria.

12. Antônio Delson de Jesus

Não se pode deixar de mencionar o trabalho a respeito do diálogo entre "ciência e teologia na perspectiva dos modelos cosmológicos", de Antonio Delson C. de Jesus, pós-doutor em Detritos Espaciais e professor da Universidade Estadual de Feira de Santana, na Bahia.

Em seu artigo, Delson de Jesus aborda "novas teorias cosmológicas na perspectiva de uma reformulação de outras estruturas presentes na teologia, entendendo que existem equivalências marcantes para estas linguagens".

Ele acrescenta ainda que:

> O mecanismo de funcionamento do Universo revelado demonstra que esta reformulação deve contemplar uma visão mais abrangente da definição sobre a pessoa de Deus, da ação híbrida do Seu Espírito como agente Criador do Universo, tais que os conceitos de deísmo e teísmo são julgados inapropriados dentro desta perspectiva. Uma proposta de nova perspectiva de fé é apresentada como consequência da análise de um novo momento científico e teológico na virada do século.

O professor Antonio Delson acredita que, na virada do século passado, o entendimento sobre a criação do Universo e sobre o que permitiu a sua existência e a sua manutenção teria sido um dos maiores desafios tanto para os cientistas como para os teólogos. E acredita também que as linguagens tanto da ciência quanto da religião poderiam convergir para um ponto em comum.

Para ele, a ciência atualmente abraça novas discussões conceituais profundas na relatividade de Einstein, apontando para uma unificação desta com o princípio da incerteza de Heisenberg – a partir de leis probabilísticas que proporcionam as diversas histórias do universo na teologia. Essas questões não parecem estar muito claras ou definidas; para uma parte dos teólogos, o Universo parece ter sido criado fixo, igual ao que está até hoje, único e que não evolui no tempo. Portanto, a ideia moderna que perdura no meio científico de universos decorrentes das probabilidades não é contemplada nas abordagens teológicas gerais mais tradicionais.

Seu esforço é o de mostrar que a abordagem científica pode ser interpretada como se aproximando da abordagem teológica e que elas podem ser complementares. E ele o faz enfocando que, enquanto a ciência "tem o privilégio do método matemático da observação cosmológica e da experimentação", na teologia, pelo processo da "revelação especial", encarado como forma de comunicação das verdades espirituais, absorvem-se essas verdades diretamente da fonte criadora. Dessa forma, ambas as linguagens e conhecimentos podem vir a contribuir mutuamente para complementação de seus enfoques.

Ele acredita ainda que novos conceitos poderão sobrevir a ambas as partes. E no que diz respeito aos religiosos, "estes talvez necessitem rediscutir uma teologia do Deus estático e determinístico e absorver uma revelação que permeia esta mudança de século: a ação do Espírito que forma os universos paralelos e probabilísticos com histórias diferentes dentro das suas próprias esferas, contudo orquestrando-os fora delas. Este pensamento "meta-científico-teológico" concebe a ação de Deus no sentido híbrido, não determinístico e também não probabilístico unicamente". Ele aborda ainda as linguagens específicas e diferentes que tanto a ciência quanto a teologia possuem. Enquanto que na teologia é suficiente a concepção de que o Universo tenha sido criado, ou seja, tenha tido um Criador, sem a preocupação sobre "como" ele foi criado, na ciência não é assim. É exatamente neste ponto que Delson de Jesus acredita que pode haver uma versão "pós-moderna" dentro das discussões teológicas, embora ele acredite ser impossível a explicação de "como" o Universo tenha sido criado, cientificamente, visto a inexistência de um modelo com tal precisão.

Delson de Jesus acredita que, enquanto a cosmologia científica atual apresenta um Universo em expansão, e galáxias que se afastam umas das outras, uma aparente percepção da cosmologia bíblica coloca-o como fixo e imutável.

Ele, porém, ressalta que uma visão mais apurada das Escrituras Sagradas como um todo nos mostra que essa visão bíblica superficial não encontra respaldo no restante dos textos sagrados. E cita os textos bíblicos de João 1:3: "Todas as coisas foram feitas por Ele, e sem Ele nada do que foi feito se fez."; de Hebreus 11:3, que fala sobre as coisas visíveis: "Pela fé entendemos que os mundos pela palavra de Deus foram criados; de maneira que aquilo que se vê não foi feito do que é aparente."; e o texto de Hebreus 1:3, que diz que Ele sustenta todas as coisas pelo poder da Palavra: "O qual, sendo o resplendor da Sua glória, e a expressa imagem da Sua pessoa, e sustentando todas as coisas pela palavra do Seu poder, havendo feito por si mesmo a purificação dos nossos pecados, assentou-se à destra da majestade nas alturas." Também o texto de Romanos 1:20: "Porque as Suas coisas invisíveis, desde a criação do mundo, tanto o Seu eterno poder, como a sua divindade, se entendem e claramente se veem pelas coisas que estão criadas, para que eles fiquem inescusáveis." E, ainda, Colossenses 1:16: "Que já chegou a vós, como também está em todo o mundo; e já vai frutificando, como também entre vós, desde o dia em que ouvistes e conhecestes a graça de Deus em verdade."

Delson acredita que todos estes textos nos dão a base para uma percepção de uma "participação" contínua da ação do poder criador da Palavra de Deus. E interpreta a palavra "sustentação" do verso de Hebreus, capítulo 1, como "manter a dinâmica da criação que contempla a expansão do Universo", por exemplo. E cita Orígenes (225 d.C.), em sua conceituação da criação. Para ele, a "criação fazia parte de um ato eterno e contínuo do Criador, sendo Ele mesmo a fonte originária de toda a vida". Na teologia moderna, Deus transforma sua própria energia em matéria e em outras formas de vida.

Analisando as teorias mais modernas da física quântica e da cosmologia, ele passa pelos conceitos do Universo em expansão, teoria das cordas, teorias das P-Branas, teoria M, universo paralelo e inclusive a possibilidade de viagens no tempo e a gravidade quântica em Loop, na qual todo o Universo é quantizado, inclusive o tempo.

Delson de Jesus acredita que a ciência procura caminhos para entender os universos na direção de captar algo sobre a "mente do Senhor", mesmo que seja na "convergência de todas as coisas". E afirma que a teologia deveria abandonar a "pequena ideia de achar que o Espírito Eterno de Deus atua apenas na vida do homem, e que Sua ação não se estende pelos multiversos, porque estes não existem e porque o que existe está pronto e fixo no tempo. Desde o primeiro instante, Ele esteve lá e continua promovendo a obra da criação nas suas infinitas nuances e probabilidades. Ele é o agente dinâmico da criação necessário à continuidade da geração do Universo numa expansão de larga escala".

Para ele, esse é o ponto central a ser resgatado nas discussões teológicas modernas, ou seja, seu papel de intervenção contínua na criação.

Delson também escreve que o Eterno Deus criou e deixou as leis probabilísticas agirem, porém a partir de certo código que permitiria a existência dos elementos formadores da matéria e da radiação. Por exemplo, a vibração das cordas na teoria das cordas, se correta, seria feita sob Sua coordenação. Assim, na expansão em grande escala da Teoria da Inflação Caótica, as "bolhas" se formam naturalmente, mas sob uma lei probabilística predeterminada pela dinâmica da criação. Dessa forma, parece que estamos diante de um modelo híbrido de ação do Espírito Santo e, portanto, da criação do Universo de Deus. Essa teoria diz que o espaço como um todo está se distendendo e que em algumas regiões ele para de se estender, formando uma espécie de bolha. As bolhas tornam-se separadas umas das outras, cada uma delas representando um multiverso (aglutinado de universos) de dimensão infinita. Estas "bolhas" seriam formadas por uma lei de probabilidade.

Como dissemos neste ensaio, o professor e doutor Delson de Jesus nos leva a um novo patamar de conceitos, contradições e novas possibilidades de enfoques tanto da teologia atual quanto da ciência.

13. Frank J. Tipler

Este livro estaria incompleto sem os comentários de Frank J. Tipler, cientista, físico e doutor em relatividade geral global pelo Instituto de Tecnologia de Massachusetts (MIT) e atualmente professor de física matemática na Universidade de Tulane.

Tipler publicou o livro *A Física do Cristianismo*, no qual aborda de uma maneira corajosa todos os "espinhos" que o cristianismo poderia apresentar do ponto de vista científico.

Ele começa enfocando a cosmologia moderna e sua constatação da teoria do Big Bang, passando pela singularidade.

Para ele, a comprovação matemática que Stephen Hawking fez da singularidade fora do espaço e do tempo faz dela "a origem causal de todas as cadeias causais". Tipler não vacila ao concluir que a singularidade é "um infinito realizado" e que Deus, na opinião de teólogos cristãos, é esse infinito realizado. Logo, "a singularidade é Deus" a fonte de todos os processos da vida a energia única total e completa, que tanto criou como mantém todas as coisas e todo o Universo.

Ele acredita também que "a vida pode extrair energia disponível e ilimitada do colapso do Universo". E define o chamado *ponto ômega* como a singularidade de um ponto único de um Universo sem horizontes de eventos. Tipler afirma ainda que "as leis da física exigem a sobrevivência da vida". O que aponta para a segunda lei da termodinâmica (lei da entropia), até que a vida ingresse novamente na singularidade final. E que ela guiará o Universo, de maneira a eliminar os horizontes de eventos.

Tipler aborda o *ponto ômega*, a teoria do modelo padrão, a teoria da inflação do Universo e muitos outros temas já abordados por outros autores anteriormente, embora sob um enfoque totalmente cristão.

Para mim, a maior contribuição de Tipler está em sua coragem de abordar os grandes "espinhos", como dito anteriormente, que a visão cristã apresenta quando analisada pela ciência.

Assuntos como a existência de milagres; ou se sua simples presença romperia as leis da física e, consequentemente, se eles não "passariam pelo crivo científico"?

E a concepção de Santa Maria pelo Espírito Santo pode ser considerada um fato real, com possibilidade científica? Ou temos que aceitá-la apenas sob a perspectiva de uma fé que salta por sobre a razão? O mesmo podemos dizer sobre a ressurreição de Cristo e outros temas bastante espinhosos.

Ele encontra na visão científica uma resposta bastante satisfatória para todas essas perguntas. Vamos ver cada uma delas resumidamente.

Tipler aponta as conhecidas três provas da existência de Deus:

1. O argumento fisioteológico, também chamado de argumento do planejamento. A vida em sua precisão e perfeição exige um planejamento e uma inteligência que a projetou. Esse argumento também é visto por alguns cientistas criacionistas como argumento teleológico.

Ele conduz à evidência de que Deus existe a partir da presença da ordem e da adaptação no Universo. (Teleologia – telos = doutrina + logos = fim, propósito, pensamento, então, "doutrina dos fins ou propósito racional".)

Tipler estabelece, por meio de evidência racional, a inteligência e o propósito de Deus conforme manifesto no desenho do Universo e da vida, função e consumação de todas as coisas. Portanto, o fato de existir o desenho, a arquitetura, que se encontra em cada coisa criada, denuncia a perspicácia e o propósito racional do criador. O homem não dá origem a nada, e seus feitos não passam de uma descoberta e utilização de provisões e forças que já foram realizadas dentro da criação que Deus efetuou. O cosmo é um processo que segue regras inteligíveis, e, nesse processo, a ordem racional é perpetuamente mantida e restaurada.

Independentemente de qualquer questão de desígnio, o simples fato dos ajustamentos qualitativos e quantitativos de todas as coisas de acordo com uma lei fixa é significativo. Tudo está em constante movimento, e, por isso, o reajustamento é contínuo e instantâneo. O desalojamento de um átomo pela distância mínima exige um reajustamento correspondente em todos os outros átomos dentro do domínio da gravitação. Ocorrem aqui dois princípios: o da inteligência e o da não inteligência. O primeiro é adequado e não é forçado nem violento – se o aceitamos, todos os fatos se tornam luminosos e consequentes. Com o segundo, teremos de presumir um poder que produz o inteligível e o racional, sem ser ele mesmo inteligente e racional.

2. O argumento cosmológico, que aponta a necessidade de haver uma primeira causa, o fator causal para a criação do Universo.
3. O argumento ontológico: a existência de Deus é parte de Sua natureza essencial.

Tipler lembra ainda que, na análise de Emanuel Kant, filósofo que viveu de 1724 a 1804, todos esses argumentos apresentavam defeitos fatais irreparáveis. Mas Kant diz isso por não ter tido acesso à matemática moderna. Diz o professor Antonio Delson que:

> "Kant rejeitou tais argumentos por afirmar que o conhecimento do homem se restringe aos fenômenos, os quais o homem só pode conhecer parcialmente. Dessa forma, ele não aceita os argumentos teístas de um plano e de uma causa primeira e também as conclusões da razão humana, por entender que ela não é capaz de trazer à luz a verdadeira realidade das coisas. Eu apresento o seguinte contra-argumento: se com a razão não podemos apresentar tais argumentos a favor da existência de Deus, pelo fato de ela ser incapaz de fazê-lo, então, pelo mesmo motivo, a razão também não tem condições de afirmar o contrário, ou seja, que Deus não existe!

Tipler cita também Tomás de Aquino, teólogo cristão e filósofo que viveu entre 1225 e 1274 e o rabino Maimônides (1135-1204), que definem Deus como a "primeira causa" no livro *A física do Cristianismo* (Tiple, Frank. Cultix, 2010).

E todas as demais "causas" no Universo derivam necessariamente dela.

Milagres

Em sua abordagem sobre milagres, Tipler começa pela análise do sentido da palavra no grego *thaumasin* ou *miraculum*, em latim, que seriam traduzidas como "aquilo que provoca maravilhamento ou espanto". E, em hebraico, a palavra usada é *oth*, que significaria "sinal", ou seja, um evento que indica algo diferente de si mesmo.

E cita também os argumentos de Tomás de Aquino e Santo Agostinho, que definem o milagre não como uma violação das leis físicas, mas "um evento cuja produção está além do poder natural de qualquer criatura".

E arremata citando o papa Bento XIV, que viveu de 1675 a 1758, que define milagre como "um evento cuja produção excede apenas o poder da natureza visível e corporal", com significado religioso, ou seja, excede nossa dimensão.

Portanto, a ideia de que milagres violam as leis físicas, introduzida pelo filósofo David Hume do século XVIII, não tem sustentação ou embasamento científico. Tipler lembra-nos também que a concepção de que um milagre produziria a quebra das leis físicas foi introduzida pelos deístas que tinham motivação de negar a ressurreição e a encarnação.

Ele fortalece sua tese com as palavras de C.S. Lewis, filósofo e teólogo protestante que impactou sua geração. Lewis diz: "A arte divina do milagre não é uma arte de suspender o padrão ao qual os eventos se conformam, mas de alimentar novos eventos nesse padrão."

Ele coloca sua preocupação sobre a decisão de uma parte dos cientistas atuais de colocarem de lado Deus e a visão judaico-cristã a qualquer custo, seja baseados em pressupostos científicos ou até mesmo sociológicos e éticos.

A teoria das supercordas estabelece um modelo no qual as minúsculas cordas tomam o lugar das partículas e segundo o qual o nosso Universo teria a possibilidade de ter até onze dimensões, criando assim os universos paralelos ou "universos bolhas". Essa teoria atende também a gravitação quântica e responderia algumas exigências em que os modelos atuais apresentam perguntas, embora ainda careça de comprovação experimental. Tipler exemplifica o fato de os "teóricos das supercordas", que defendem essa teoria, acharem a teoria de Feynman espiritualmente inaceitável, porque ela tem necessariamente uma "singularidade cósmica". A teoria de Feynman, chamada "eletrodinâmica quântica", explicava o modelo de um Universo com a arquitetura interna dos átomos, a ação dos laseres, os fenômenos radiativos, eletrônicos e químicos, bem como transformações das partículas subatômicas, como elétrons e prótons.

Podemos dizer que a eletrodinâmica quântica é uma teoria quântica que descreve a interação das partículas subatômicas carregadas com o campo eletromagnético. Considera efeitos quânticos e relativísticos nesta interação das partículas com fótons, por exemplo, e calcula a probabilidade de acontecimentos. Entre os acontecimentos que a teoria prevê está o aparecimento espontâneo e o desaparecimento em seguida de partículas virtuais no vácuo. Mostrando que há uma relação dinâmica entre estas partículas e o vácuo. Neste sentido o vácuo é visto numa "dinâmica" de criação e destruição de partículas virtuais, devido a esta propriedade. O modelo de universo proposto por Feynman inclui este "mundo subatômico" e seus fenômenos "estranhos".

E, para Tipler, a verdadeira causa pela qual os físicos atuais acham a gravidade quântica padrão inaceitável é porque ela implica na existência de Deus. E acrescenta ainda que o darwinismo, no sentido de descendência comum, pode ser concordante com o cristianismo, por causa do fato de nossos DNAs serem provenientes de um mesmo descendente. Todos os seres vivos tinham um ancestral comum há cinco ou seis milhões de anos. E todos os seres metazoários tiveram um mesmo ancestral unicelular há dois bilhões de anos.

Ele compreende que esse processo da criação do homem não é objeto de polêmica pelos teólogos; contudo, isso não satisfaz os darwinistas, que afirmam que a seleção natural atua em variações aleatórias, portanto sem propósito, e isso vai de encontro à teologia cristã.

"Será que a própria ciência pode sobreviver a uma abdicação da inteligência humana?", pergunta Tipler, citando uma declaração do papa João Paulo II, que disse: "As teorias que se baseiam em acaso e necessidade para justificar o planejamento não são científicas."

E termina seu embasamento sobre os milagres dizendo: "Deus nunca pôs de lado as leis fundamentais da natureza. As leis de Deus não são violadas; só é violado o nosso entendimento humano do que essas leis efetivamente são."

E ainda: "Milagre é um evento permitido pela lei natural, mas improvável de acordo com nosso conhecimento."

Tipler aborda também o dualismo do gnosticismo surgido no início do primeiro milênio, por volta do ano 144 d.C.. Marcion, um dos bispos da Igreja, foi expulso por pregar a heresia chamada "dualismo" – que estabelece que o mundo espiritual é a criação e o domínio do deus bom, enquanto o mundo material foi criado pelo deus mal. Incluindo nossas almas, que jazem aprisionadas pela matéria, ansiando por retornarem ao mundo espiritual deste deus bom.

Essa visão filosófica estava baseada no fato de o velho testamento estar repleto de guerras, mortes, traições e toda espécie de desordem humana. E de que o Deus do Velho Testamento era um Deus de guerra e morte, enquanto o Deus do Novo Testamento era um Deus de amor, bondade e misericórdia.

Foi aí que o bispo cristão introduziu a heresia marcionista, baseada na visão dualista do mundo. A heresia apareceu e desapareceu várias vezes ao longo da história e foi a base para fornecer o conceito *a posteriori* de que este mundo é regido por leis estabelecidas por um deus mal, que portanto poderiam ser quebradas pelos milagres.

Santo Agostinho, desde os primórdios do século III, já havia se posicionado contra o maniqueísmo em seu livro *Contra o maniqueísmo*, que era a doutrina que ensinava que o mundo está divido entre o bem e o mal, a causa e o efeito, aquilo que é e aquilo que não é. Segundo essa visão, haveria uma guerra eterna entre os dois lados em que um (o bem) deveria destruir o outro (o mal). Enquanto Santo Agostinho ensina que toda natureza foi formada por Deus e que necessariamente não existe parte dela a serviço do mal. Para ele, Deus é o bem supremo, é a luz que ilumina todas as coisas, é o criador de tudo. É o SER. E nada que provém da luz pode ser mal. O homem se afasta de Deus por seu livre-arbítrio, termina se aproximando do mal.

A história mostra que inicialmente Agostinho foi maniqueísta, mas que depois passou a combater o tal princípio. Isto pode ser visto nos seus escritos (por exemplo, no livro 7 de *Confissões*), no qual afirma que nesta doutrina "não tinha encontrado a paz". A questão da causa e efeito neste contexto termina estabelecendo que o bem é a causa do mal e o mal o efeito do bem, o que é um contrassenso. Dizer que a natureza foi formada por Deus e que isto implica em não haver mal intrínseco nela, está correto. Mas, a teologia diz que a natureza foi corrompida pelo pecado e isto traz a essência do mal na natureza, não pelo fato de Deus ter feito o mal, mas devido à negação do caminho do bem pelo livre-arbítrio do homem.

Nesse mesmo livro ele esclarece também que os milagres não podem quebrar as leis da natureza porque Deus estaria indo contra sua própria criação. E que tanto a criação material quanto a criação espiritual foram obras do Altíssimo.

O milagre do nascimento virginal de Jesus

Tipler aborda também um tema delicado e nem sempre percebido como obstáculo à fé. Mas, sem dúvida, esse assunto torna-se escorregadio para as mentes mais investigativas. Estamos falando sobre o nascimento virginal de Jesus Cristo.

Primeiramente, ele mostra que a palavra usada por Mateus, no capítulo 1:23, para virgem é *almah*: "Eis que a virgem conceberá e dará à luz um filho, e ele será chamado Emanuel."

A palavra *almah*, traduzida em várias versões como "virgem", mulher que não teve relacionamento sexual com homem algum, foi também traduzida algumas vezes como "donzela". Especialmente a versão septuaginta (hebraica) usa essa expressão. Sem dúvida, a expressão "donzela" aliviaria bastante o peso da responsabilidade sobrenatural envolvida no tema. Mas todos os pais da Igreja, bem como os historiadores, passando por Santo Agostinho, Tomás de Aquino e outros, se renderam ao fato de que os textos originais afirmavam a "virgindade" de Maria por ocasião da concepção e nascimento de Jesus Cristo.

A pergunta é: como podemos explicar esse fenômeno sem que ele se torne uma quebra de uma lei física, como vimos anteriormente?

Tipler passa a abordar o assunto como "partenogênese", ou seja, o nascimento virginal em vertebrados do ponto de vista científico. Ele mostra que a literatura científica traz alguns casos de nascimento virginais de "machos", utilizando-se os mecanismos biológicos moleculares conhecidos.

Sem nos atermos aos detalhes, ele mostra que existem casos raros em que os vertebrados repetem seus genes que definem a masculinidade, na "partenogenia". No caso de animais como o peru, os genes de determinação do sexo são WZ, para casos normais. Mas 40% de todos os machos nascem com partenogenecos, ou seja, com o cromossomo Z dobrado, ZZ. No caso dos humanos, os cromossomos XY, que definem o sexo, seriam XX, para o nascimento de uma mulher.

Para os casos de homens partenogenéticos, esse arranjo nos cromossomos XX definiriam não um sexo feminino, mas um macho, com algumas condições especiais, como estatura baixa, dentes serrados, sendo que nasceriam apenas machos, obviamente, nesse processo.

Para os humanos, os cruzamentos que geram descendentes XX serão fêmeas, enquanto os XY serão machos. E caso surjam os YY, serão letais.

Existe a possibilidade na concepção humana de gerar um macho XX? Essa é a hipótese de Tipler. Ele aposta que em casos raríssimos o gene que define a masculinidade, SRY, pode ser inserido no cromossomo X. E, para essa hipótese, vários dos genes do cromossomo Y serão inseridos no cromossomo X, levando-o a carregar as alterações tanto da definição do sexo como outras. Sua hipótese é que, no caso de Maria, houve o "desligamento", um mecanismo especial para tornar esses genes inoperantes, que poderiam estar ativos nos cromossomos Y. Portanto, "Jesus seria o resultado de um processo da 'célula-ovo' de Maria, quando começou a se dividir, antes de se tornar haploides", afirma.

Para ele, "machos nascidos de virgens teriam dois genes de cromossomos X para cada uma de suas contrapartidas de genes Y", enquanto machos normais teriam somente um gene de cromossomo X para cada gene de contrapartida Y.

Ele aborda também a probabilidade raríssima de esse evento ocorrer, algo como 1 em 20.000.

Uma probabilidade bastante pequena, beirando escalas quânticas. E a beleza da hipótese de Tipler é que, mesmo sendo tão pequena, ela poderia acontecer dentro das descendências humanas, até o nascimento de Jesus Cristo pela Virgem Maria.

A outra hipótese aventada por Tipler é de que o "gene SRY sozinho possa ter sido inserido em um cromossomo X de Maria, resultando em uma célula sexual haploide, chegando à duplicação de cromossomos ou a uma célula diploide". Ele mostra que um macho em 20.000 elementos da sua espécie pode possuir dois cromossomos XX e nenhum Y (cromossomo que existe apenas em machos). A hipótese de Jesus possuir apenas cromossomos X explicaria o seu nascimento virginal. Possibilidade esta aceita como real pela medicina.

Existe ainda uma terceira hipótese, afirma ele: "Como os genes SRY não são os geradores dos órgãos sexuais, mas indutores de outros genes localizados nos autossomos a gerar esses órgãos, poderia ser que o gene SRY não fosse necessário" (existem alguns estudos em machos XX nos quais esse gene parece estar ausente).

Portanto, Tipler nos apresenta algumas possibilidades, por meio de um caminho biológico reconhecido, para que a geração virginal de Jesus por Maria possa ter ocorrido.

O processo científico dos milagres

Tipler passa a descrever o processo científico que poderia embasar a ressurreição de Jesus, bem como todos os demais milagres na Bíblia.

A ressurreição de Cristo

Sobre a ressurreição de Cristo, ele cita o livro do teólogo Wolfhart Pannenberg, *Jesus: God and Man*, de 1996, em que ele refuta o argumento de que a ressurreição de uma pessoa morta, mesmo para uma vida imperecível, violaria as leis da natureza.

Pannenberg mostra que a lei da física responsável pela ressurreição de Cristo foi descoberta em 1996 por Gerardus't Hooft, prêmio Nobel de Física de 1999.

Ele apresenta a possibilidade de um mecanismo de "aniquilamento de bárions por meio do tunelamento eletrofraco", que poderia ter sido usado para realizar todos os milagres dos evangelhos, inclusive a ressurreição. O tunelamento quântico acontece quando os elétrons ganham energia suficiente para saltar e traspassam a barreira de potencial em vez de saltar.

O processo de aniquilação de bárions é responsável por toda a matéria que existe atualmente no Universo, porque no início ele ocorreu convertendo radiação em matéria. Bárions são partículas subatômicas que mantêm coesão interna devido à interação forte. O próton é um bárion leve e estável e, portanto, um bárion é um hádron. Por isso, o experimento do LHC (que usa a colisão de feixes de prótons) tem o objetivo de "explicar" os segundos da formação do Universo. Segundo estes pesquisadores, Jesus teria o controle sobre este processo e na sua morte, converteu a matéria do Seu corpo em radiação constituída de neutrinos (invisível a olho nu). A materialização de Jesus, revertendo este processo, levaria as pessoas a concluírem que Ele aparecera do nada. O tunelamento não é um efeito clássico, mas quântico. Ocorre toda vez que uma partícula, ao encontrar uma barreira de potencial (que classicamente a impediria de ultrapassar) cuja energia é maior do que a sua energia total consegue ultrapassá-la. Mas, este fenômeno é devido à natureza ondulatória da partícula, que é um conceito tipicamente quântico. Como vimos, um elétron, do ponto de vista quântico, pode comportar-se tanto como uma partícula como uma onda. No caso do tunelamento, ele se comporta como uma onda da matéria, que possui propriedade de reflexão e transmissão. Assim, diante da barreira de potencial, o elétron se comportando como uma onda tem probabilidade de transmissão (ser "transmitido") para o outro lado da barreira, atravessando-a. Isto ele faz, mesmo sem ter energia suficiente. A probabilidade para esta transmissão depende da largura e da amplitude de potencial.

"A reação-chave, próton mais elétron, resulta em neutrino mais antineutrino, transformando toda a matéria do corpo de

Jesus em neutrinos, que interagiram tão fracamente com a matéria que alguém próximo o veria desaparecer."

Assim, a ressurreição de Jesus é o primeiro caso de desmaterialização de um corpo morto, seguido da materialização, inclusive profundamente diferente do que entendemos como a ressurreição de um ser vivo.

A encarnação

Tipler oferece também uma visão científica da encarnação de Cristo e sua natureza divina e humana juntas. Por ser filho de Maria, ele herdou a natureza humana; por ter sido concebido pelo Espírito Santo, herdou a natureza divina. E ele apela à física moderna, exatamente à mecânica quântica e seu conceito de "multiversos", para explicar essa visão ortodoxa da encarnação.

De acordo com a física quântica, não existe apenas "um Universo", mas "vários universos", alguns parecidos com o nosso, e outros incontáveis totalmente diferentes do nosso.

Pela teoria, poderíamos ter análogos de nós mesmos nesses multiversos, embora eles fossem semelhantes ao nosso Universo. Não se concebe nossos análogos em universos que sejam diferentes dos nossos, ou seja, "não se conceberia vida humana em universos próximos à singularidade de todos os presentes". Ele explica o porquê: "Como o tamanho do Universo nas proximidades da singularidade de todos os presentes é muito pequeno, da ordem de 'uma polegada de diâmetro', um ser humano não está compatível a ele."

O fato de os análogos e nós mesmos sermos finitos, e confinados em uma região do multiverso, significa que estamos restritos a estas regiões compactas e, portanto, somos criaturas, e não a realidade incriada que é a singularidade cosmológica.

Porém, esse raciocínio não vale para Jesus Cristo, que, por ter a natureza divina, poderia ter análogos por todo o multiverso que se aproximam arbitrariamente da singularidade de todos os presentes. Seriam "uma entidade única", e esse conjunto de análogos de Jesus seria como uma evidência matemática, a Singularidade de Todos os Presentes.

O conjunto de análogos seria efetivamente Deus, ou a segunda hipótese da singularidade cosmológica única.

E Tipler segue em busca da explicação científica, por meio da visão dos multiversos da física quântica, para a trindade. Ele acredita que tanto o Pai como o Filho e o Espírito Santo estão manifestos através das singularidades.

No caso de Deus Pai, ele se torna reconhecido em uma singularidade final – a singularidade futura definitiva –, e o Espírito Santo toma-se como a singularidade inicial ou singularidade passada definitiva, porque ela procede do Pai e do Filho. E a singularidade de todos os presentes, que estava desde o início no princípio do tempo, descreve a participação de Jesus Cristo, o verbo de Deus.

Como João 1:1 nos diz: "No princípio era o verbo, o verbo estava com Deus, e o verbo era Deus. Todas as coisas foram feitas por ele, e sem ele nada do que foi feito se fez."

Tipler fecha seu ensaio postulando: "O cristianismo está correto como qualquer teoria física está correta. E essa visão deveria sobrepor nossa visão cristã, que se nutre por uma percepção divorciada entre o mundo da fé e o mundo da ciência."

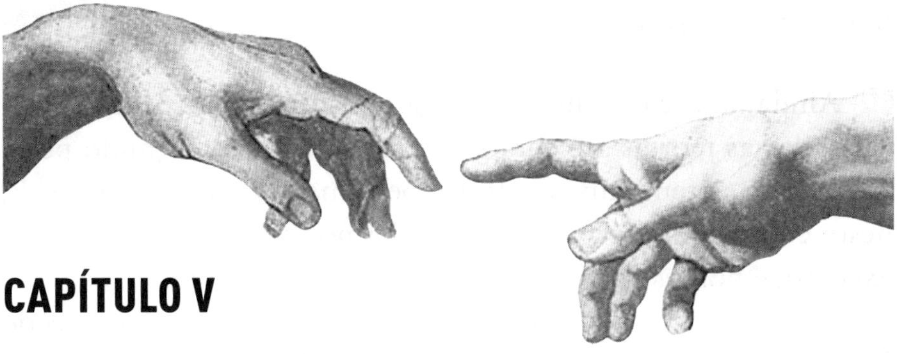

CAPÍTULO V

E O CRIACIONISMO?

Em agosto de 2012, a revista *Scientific American* publicou uma matéria sobre a exploração do solo de Marte pelo jipe espacial Curiosity, que será capaz de nos dar fotografias coloridas através de câmeras especialmente dotadas para isso, além de espectrômetro de partículas alfa e raios X, para fazer análise do solo. Por meio de um braço robótico de quase dois metros, ele será capaz de perfurar e pulverizar rochas, além de fazer análise por laser de até sete metros de profundidade. O local escolhido para o pouso e o início da análise do solo foi o monte Sharpe, onde está a cratera Gale.

Não obstante termos as imagens do jipe Curiosity, ainda persistem severas dúvidas e desconhecimento sobre a composição do Universo. Sabemos, por exemplo, que nossa galáxia se aproxima de sua vizinha mais próxima, a galáxia de Andrômeda, a uma velocidade de 7800km/m (quilômetros por minuto). É quase a distância que separa São Paulo de Lisboa. Elas voam para se abraçarem!

Enquanto temos esses tremendos avanços científicos, ainda persistem os conflitos e contradições sobre as teorias a respeito da criação do Universo.

Ainda não se encontrou uma proposição capaz de harmonizar todas as teorias até então aceitas; estamos avançando pelas partes sem entendermos o todo, pelo menos por enquanto. E, neste contexto, é necessário entendermos todas as teorias sem exceção, e por isso vamos à análise do criacionismo.

Como certa abordagem criacionista foi feita nos diálogos de Francis Collins, no início da segunda seção deste livro, estaremos apenas vendo sua abordagem cosmológica e da origem do Universo.

Tipos de criacionismo

Faz-se necessário dividir a visão criacionista em duas partes, apenas sob a ótica do autor, para melhor organização didática.

Temos o criacionismo bíblico literal, que, como o nome já diz, aborda a criação do ponto de vista da Bíblia, literalmente, incluindo os escritos do livro de Gênesis, representado entre outros pela escola de Henry Morrys e muito bem abordado por Ken Ham, em seu livro *Criacionismo, verdade ou mito*. Temos também o criacionismo bíblico aberto, representado, entre outros, por Robert Gange, presidente da Fundação Gênesis, em Nova Jersey, e autor do livro *Origins and Destinies*, que compreende ser a Bíblia a palavra de Deus, com ênfase na proposta da vida espiritual de Deus para o homem, e não em ser um livro com autoridade científica, sem prejuízo da inspiração e infalibilidade das Escrituras.

Enquanto para os integrantes da primeira classe de criacionistas qualquer "alteração na sua interpretação literal e linear" pode comprometer o texto como um todo, os criacionistas abertos aceitam que não há clareza nos textos de Gênesis sobre o "tempo" e a "maneira" em que o Senhor Deus fez o mundo, inclusive o homem e sua criação.

Para eles, a palavra "dia" usada em Gênesis 1 pode dizer respeito a um fator de tempo diferente de um dia de 24 horas, o que não anularia a autoridade e muito menos a veracidade das Escrituras Sagradas.

A palavra usada para dia é *yom*, que pode significar um dia comum com 24 horas com "tarde e manhã":

> "...e foi a tarde e a manhã, o dia primeiro" (Gênesis 1:5.)
> "...e foi a tarde e a manhã, o dia segundo" (Gênesis 1:8.)
> "...e foi a tarde e a manhã, o dia terceiro" (Gênesis 1:13.)

E ainda se usa essa mesma palavra para um período longo, como em Êxodos 20:11, "dias genéricos": "Porque em seis dias fez o Senhor, os céus e a Terra..."

Também o uso do próprio conceito do "dia" na segunda epístola de Pedro, que diz: "Pois um dia para o Senhor é como mil anos". (II Pedro 3:8)

Fica claro que, quando o apóstolo Pedro se refere à temporariedade, Deus não se prende a um conceito *stricto sensu*. Portanto, isso nos daria uma clara e evidente flexibilidade na interpretação de seus escritos não literalmente definidos.

Em seu livro *Mostre-me Deus*, Fred Herren argumenta que "aceitar a interpretação do dia como um período ou a hipótese da estrutura literária (ou uma combinação de ambos) não viola a infalibilidade das Escrituras, que possibilitam as eras geológicas que a ciência revela. Alguns até diriam que a interpretação mais natural da Bíblia requer longos períodos antes da criação humana".

E apela à tradução da palavra "gerações", em Gênesis 2:24, que geralmente se traduz pela palavra "origens". Ele faz uma tradução literal do verso, onde amplia o conceito : "Estas são as gerações dos céus e da Terra quando foram criadas, no dia de sua criação."

A palavra hebraica *toledoth* (geração) significa o número de anos entre o nascimento dos pais e o nascimento de seus descendentes ou um período arbitrariamente maior. O fato de ser usada no plural obviamente sugere um período longo para a criação dos céus e da Terra; é difícil conciliar essas gerações com a ideia de apenas seis dias solares.

O próprio conceito de criar, fazer e demonstrar toma a forma de não explicitude do texto nos primeiros capítulos de Gênesis. A palavra "criar" (*bara*) se refere a quando Deus fez do nada algo quc não existia antes: "No princípio criou Deus os céus e a Terra" (Gênesis 1.1a.) Enquanto isso, a palavra "fez", do verbo "fazer" (*asah*), quer dizer que ele "formou", ou até mesmo reformou, usando algum produto já existente, como do pó da Terra ele "fizera" o homem.

Essas palavras foram usadas inclusive descrevendo o processo sistemático da criação. Ou seja, mais uma vez, não se tem um ato imediato, a mas possibilidade de uma ação progressiva.

Tal ideia pode ser vista também na tradução da palavra "era", em Gênesis 1:2: "A Terra era sem forma ou vazia." A palavra usada é *hayata*, que tanto pode ser traduzida por "era" quanto por "se tornou", ou "estava", indicando transitoriedade.

Além disso, o próprio conceito de um "universo sem forma e vazio" claramente aponta para um universo de energia – o que coincide claramente com as mais novas visões científicas.

Embora ambas as visões criacionistas possuam posições diferentes – e em alguns casos sejam vistas como "explicações simplistas", especialmente o criacionismo literal linear –, suas perguntas às teorias científicas atuais coincidem e gozam de legitimidade e honestidade intelectual respeitável.

A propósito, os criacionistas afirmam que a "ciência não tem a abrangência para tentar lidar com as questões sobre as origens fundamentais".

Perguntas não respondidas

As lacunas

Muitos se perguntam por que até hoje as lacunas evolucionistas biológicas não foram preenchidas. "Já não se passou tempo suficiente para comprová-las?", questiona Amit Goswami em seu livro *Deus não está morto*. Ele afirma, questionando os neodarwinistas – para quem o fato de estas lacunas existirem nada significa – porque eles adotaram um "evolucionismo promissivo": mais cedo ou mais tarde, elas serão preenchidas.

O livro *A história secreta da raça humana*, dos cientistas Michael A. Cremo e Richard L. Thompson, traz uma abordagem sobre o achado do sítio de Laetoli, na Tanzânia, África Oriental, onde se descobriram pegadas em cinzas vulcânicas de mais de 3,6 milhões de anos. E elas não se distinguiam das pegadas humanas, contrariando a teoria da evolução – afinal, deveriam ser indicação da presença de primatas, e não de hominídeos.

Os autores apresentaram um amplo conjunto de evidências que questionavam as atuais teorias da evolução humana. Evidências que foram registradas em seu livro.

O problema das origens

Como já dissemos, os criacionistas têm perguntas não respondidas até hoje pela teoria da evolução, e «as lacunas» (falhas na estrutura da explicação coerente completa da teoria da evolução) são algumas delas.

Faremos também aqui uma divisão a respeito da abordagem criacionista. Existem dois tipos de criacionismo:

1) o criacionismo bíblico, que procura explicar o Universo apenas com provas internas do texto sagrado; e
2) o criacionismo científico – afirmação científica da ação de um Criador para o surgimento da vida e do Universo. Nega a teoria da evolução, mas não nega a ciência.

O professor e doutor Delson de Jesus, em seu ensaio, acrescenta algumas perguntas em sua avaliação sobre a teoria da evolução, com base em pressupostos do criacionismo científico, linha de pensamento que adota como cristão e cientista, e a partir da leitura de *O enigma das origens*, compêndio preparado pela equipe técnica e por consultores do Institute of Creation Research, editado por Henry M. Morris. Eis aqui em suas próprias palavras:

> O problema das origens torna-se enigmático, pois não se tem como provar cientificamente as origens, visto que a essência do método científico é a observação experimental e a repetição, e simplesmente não é possível observar, tampouco se reproduzir, o fenômeno das origens (da vida, do Universo, do Sistema Solar). Não há evidência experimental da evolução, a menos que ela esteja acontecendo tão vagarosamente que a ciência no tempo de vida não possa medi-la. Há pequenas variações observadas em espécies atuais, mas não há como provar que elas venham a mudar com o tempo para que outras espécies tomem seu lugar. Entre essas variações, estão as chamadas mutações.

A questão da morfologia

Segundo o professor Delson, há evidências biológicas de que a natureza funciona em direção à estabilidade morfológica (forma dos seres) ao longo do tempo e não a mudanças constantes. O mecanismo evolucionista falha em explicar a origem das adaptações complexas; Delson menciona a publicação na qual são citadas sete inadequações da teoria da evolução, progressivamente, citadas abaixo:

1. Coisas não vivas deram origem a organismos vivos;
2. A abiogênese ocorreu uma vez;
3. Os vírus, bactérias, plantas e animais são todos interrelacionados;
4. Os protozoários deram origem aos metazoários;
5. Vários filos de invertebrados são inter-relacionados;
6. Os invertebrados deram origem aos vertebrados;
7. Peixes, répteis, aves e mamíferos tiveram origem ancestral comum.

A questão dos fósseis

Delson de Jesus afirma que, seguindo a lógica do conceito da evolução, as categorias dos seres vivos deveriam apresentar variações sistemáticas, e não ao acaso, como tem acontecido. "O sistema de classificações de plantas e animais usados pela evolução deveria evoluir através das eras", diz o professor, afirmando que o argumento em prol da "evidência" mais importante da teoria sobre os fósseis e sobre as rochas tornou-se "tautológico". Ou seja, ele é uma hipótese que se torna a comprovação por causa da hipótese.

A questão da datação

A questão da datação refere-se à inconsistência das sedimentações progressivas, ou seja, as rochas "mais antigas sobre as rochas mais jovens". Isso aponta para a fragilidade da teoria, embora esta seja amplamente aceita atualmente.

Os geólogos descobriram que as rochas de todos os tipos podem ser encontradas em todas as idades. Segundo o professor, geólogos encontraram, acima do lastro cristalino, rochas cambrianas e de todas as idades.

Delson de Jesus aponta também a impossibilidade de se encontrar os chamados "sistemas fechados", pressupostos pela teoria da evolução, ou seja, sem receber nenhuma alteração estranha ao processo da datação. O que se torna impossível de ser encontrado, quando se fala em bilhões de anos.

E cita o Dr. Carl Swisher e o Dr. Garniss Curtis, do Institute of Human Origins, Berkeley, especialistas em geocronologia, que afirmam que "não há medição científica confiável além de 1 milhão de anos".

A lei da entropia

Delson aponta finalmente as "leis da termodinâmica" que apontam para uma desorganização do Universo, devido ao aumento da entropia, cuja consequência seria a deterioração da energia, indo a uma direção decadente. A lei da entropia afirma que os sistemas abandonados tendem a mover-se da ordem para a desordem – contrariando, portanto, a previsão da teoria da evolução.

Como dito anteriormente, embora a teoria da evolução seja hoje quase absoluta como hipótese científica para a criação do

Universo e do homem, ela ainda tem que responder a essas e outras perguntas e harmonizar-se para se tornar um corpo de coerência completa.

É necessário ressaltar mais uma vez que, do ponto de vista da criação bíblica relatada no livro de Gênesis, capítulo 1, vários autores e cientistas não teriam dificuldade de aceitar a visão evolucionista se ela se compusesse de um corpo teórico, completo e coerente. Para cientistas como Collins, Schroeder e outros, a teoria da evolução se basta; para uma parte dos físicos também cristãos, ela deixa a desejar. Esta parcela de cientistas entende que o relato de Gênesis é um relato sobre a origem espiritual da criação, e não necessariamente do processo criacionista biológico, como dito anteriormente.

Gerald L. Schroeder

De todos os pontos de vista, talvez o mais diferente teologicamente falando vem do teólogo Gerald L. Schroeder, autor de *The Science of God* e *Genesis and the Big Bang* – livros que gozaram de menções de destaque na mídia americana.

Schroeder desenvolveu teses absolutamente revolucionárias do ponto de vista da criação do Universo e do homem, especialmente no que refere aos primeiros seis dias da criação do mundo, descritos no capítulo primeiro de Gênesis.

Entre várias posições científicas e teológicas, ele cita o fato de a Terra ser dotada de peculiaridades próprias para a vida, como o elemento carbono.

Esse sexto elemento na tabela periódica é fundamental para a cadeia da vida – constatação que faz parte do princípio antrópico. É o chamado Princípio Antrópico Fraco que afirma que as grandezas físicas e cosmológicas que observamos precisam assumir valores compatíveis com o surgimento da vida baseada em carbono. Há também outras formas deste princípio: a forte, a final e a participativa. Esse elemento químico, ao lado da água, torna-se fundamental para a vida neste planeta.

Schroeder acredita em uma posição conciliadora entre o registro criacionista bíblico e as modernas declarações científicas, incluindo o evolucionismo darwinista. E explica também que o conflito entre as visões de um Universo "cientificamente velho e biblicamente novo" é proveniente do fato de o tempo descrito na Bíblia não ser o mesmo que conhecemos hoje. E cita o salmo 90:4: "Pois para ti mil anos são como um dia."

Ele diz que o tempo na Bíblia é dividido em duas partes. O tempo dentro dos primeiros seis dias, do primeiro capítulo de Gênesis, e o restante das Escrituras, que correm em uma cronologia normal, chegando até nós. E define o conceito de "época para os primeiros seis dias da criação" – podendo mesmo essas épocas serem formadas por milhões ou até bilhões de anos, como afirmado em algumas teorias científicas.

Essa conclusão não nos parece absurda, porque, como já dito anteriormente, o próprio planeta Terra foi criado apenas no segundo dia, e o sol, no quarto dia.

Não faz sentido, então, termos o conceito de um dia de 24 horas se o nosso planeta, que faz seu giro sobre seu eixo, ainda não tinha a forma atual, e muito menos pelo fato de que o Sol, nosso astro rei, apenas apareceu, trazendo o conceito de iluminação, e se escondeu (escuridão), no quarto dia.

Definitivamente, as expressões usadas no capítulo de Gênesis carecem de outra interpretação – que pode inclusive ser diferente da hipótese levantada por Schroeder.

Ele, contudo, se apega muito à interpretação fidedigna dos rabinos judaicos, especialmente aqueles que foram usados para escrever os textos sagrados. Ele sabe como todos nós o quanto a tradição judaica se agarra ao princípio da pureza e confiabilidade bíblica. Cada letra, cada palavra, é considerada sagrada, e não apenas o texto como um todo. Isso projeta o fato de que a tradição judaica acredita que o homem tem apenas 5773 anos na Terra.

Mas ele não discute as descobertas científicas de fósseis, nem a possibilidade de a vida humana ter se manifestado em forma de hominídeo (os primeiros habitantes mais primitivos, os mais antigos representantes da humanidade, seriam considerados antepassados comuns do chimpanzé e do homem, há mais de 7 milhões de anos), antes de tornar-se humana plenamente.

Segundo a biologia e consequentemente a teoria da evolução, a humanidade evoluiu de uma raiz que se dividiu em dois grupos: os *pongidae* e os *homindae* (*hominídeos*) que evoluíram independentemente. Os chimpanzés, os gorilas, orangotangos, vieram dos *pongidae* e dos *hominidae* vieram os *australopithecus* e os *homo*. Os *australopithecus* viveram, segundo é dito, entre 7 e 1,2 milhões de anos. O *homo erectus*, primeiro *hominídeos* do gênero *homo*, viveu cerca de 2,5 milhões de anos e povoaram a Europa e a Ásia.

Antes de entrarmos a fundo nesse conceito da criação do homem, vamos a algumas citações de rabinos judaicos e suas concepções a respeito da criação do mundo, especialmente do ponto de vista da interpretação do primeiro capítulo de Gênesis.

Já vimos anteriormente que Santo Agostinho acreditava que Deus criara a matéria e o espaço-tempo, estando inclusive fora deles. Esse conceito parece que se perpetrava nos teólogos e rabinos, intérpretes das Escrituras Sagradas.

Encontramos citações do rabino Nahmanides, que nasceu em 1194 e morreu em 1270, vivendo a maior parte da sua vida em Girona, Espanha. Ele descreve o texto do capítulo primeiro de Gênesis de uma forma extraordinária, inclusive do ponto de vista científico.

Veja suas próprias palavras:

> Nos instantes seguintes antes da criação, toda matéria do Universo estava concentrada em um lugar muito pequeno, não maior do que um grão de mostarda. A matéria neste momento era muito fina, tão intangível que não tinha substância real. Ele tinha, no entanto, um potencial para ganhar substância de forma a tornar-se matéria tangível, a partir da concentração inicial da substância intangível naquele instante, ela tornou-se o Universo expandido. Com a expansão progredindo, uma mudança na substância ocorreu. Essa substância inicialmente fina assumiu os aspectos tangíveis da matéria como a conhecemos. A partir desse ato inicial de criação, a partir desta pseudosubstância etereamente fina, tudo o que existe, ou venha a existir, foi, é, e será formado.

A declaração de Nahmanides sobre o princípio da criação do Universo, citada em seus comentários dos livros de Moisés, e anunciada por inúmeros autores, se tornou um dos mais belos textos a respeito da criação do mundo. Até porque foi uma declaração proclamada no século XIII, muito antes de qualquer vislumbre científico sobre a cosmologia moderna.

Mas Nahmanides não se limita aos comentários sobre a criação do mundo: ele os extrapola em sua interpretação do primeiro capítulo do livro de Gênesis, dando base bíblica a Schroeder para ampliar sua compreensão sobre a ordem da criação e seus conceitos extraídos de seu ponto de vista.

Tanto o rabino Nahmanides como o não menos conhecido rabino Maimônides (Espanha, 1135-1204) acreditavam que os homens e os animais possuem "alma".

O texto de Gênesis 2:19 diz: "O Senhor Deus formou da Terra todos os animais." A palavra usada aqui é *adamah*, que significa Terra. Viemos todos de uma mesma origem, os homens e os animais.

E em Gênesis 1:30, encontramos: "E a todos os animais da Terra, a todas as aves do céu, e a todo ser vivente, que se arrasta sobre a Terra...." A palavra vivente usada aqui foi *nepesh*, que significa "vida, vitalidade, criatura e besta". Ou seja, o fôlego que produz vida e a existência tanto dos homens como dos animais é um só. A palavra significa também defunto e vida individual com organização material, ou seja, vida no corpo.

Por outro lado, a palavra usada para definir o "sopro" divino sobre as narinas de Adão em Gênesis 2:7 é *nshmah*, que quer dizer fôlego vital, inspiração divina, inteligência, alma ou espírito.

Neste quesito, todos os comentaristas e rabinos concordam que são duas formas distintas de vida ou alma. A primeira fala de vida animal, e a segunda fala da vida espiritual ou da inspiração divina ou da presença do espírito divino no homem.

Seus comentários prosseguem, indo além desses conceitos óbvios.

Ele acredita que a descrição da criação de Adão em Gênesis 2:7 tem uma ênfase bastante forte na palavra "tornou-se": "E formou o Senhor Deus o homem do pó da Terra, e soprou-lhe nas narinas o fôlego da vida; e o homem tornou-se alma vivente." E ele pergunta: por que a palavra "tornou" aparece aqui? O que era o homem antes desse momento?

Para a maioria de nós, leitores e intérpretes da Bíblia, o homem era apenas um projeto inanimado, como um boneco de barro, como o boneco Ken, companheiro de brinquedo da famosa boneca Barbie. Mas para o rabino Nahmanides, Adão não era apenas um boneco sem vida, ele era um ser vivente, uma espécie de pré-homem ou talvez uma "besta".

E Schroeder vai além, dizendo que este ser pré-adâmico, ou esta besta, poderia ser o ancestral de Adão, procurado tanto pela teoria da evolução quanto pelas pegadas paleontológicas da história Cro-Magna.

A possibilidade de raças pré-adâmicas é prevista na teologia bíblico-literal modificada, mas não há descobertas da arqueologia que confirmem esta tese. Por outro lado, entre os versículos Gênesis 1:1 e 1:2, há um espaço de tempo indeterminado. Este período, segundo essa teologia, incorpora a criação da Terra e sua recriação, depois do cataclismo causado pelo pecado. Então poderia haver uma convergência entre a idade da Terra (da ordem de 10.000 anos) defendida pela teologia bíblico-literal com as afirmações da ciência, visto que o período entre Gênesis 1:1 e 1:2 pode ser entendido como milhões de anos ou mais. A questão é admitir se neste período havia um homem incorpóreo e que assumiria o corpo, inclusive, como parte da sua punição pelo pecado. Muitos filósofos do passado e pais da Igreja pensavam assim – entre eles, Orígenes. Essa posição é respeitável, porém não explicitada claramente no texto das Escrituras.

Essas criaturas não humanas, porém com morfologias humanas, confundiram a história, a pesquisa e os cientistas.

Schroeder cita também Maimônides, que traz uma explicação mais peculiar ainda sobre a vida pós-Éden. Para ele, é importante o verso de Gênesis 4:25, que diz: "Adão conheceu novamente sua mulher, e ela concebeu um filho e o chamou Sete, porque disse: 'O Senhor me deu outro filho no lugar de Abel, a quem Caim matou.'" Aqui aparece uma exceção à sequência com a palavra "novamente". Se eles eram casados, porque apenas após 130 anos, depois da morte de Abel, eles geraram Sete?

A resposta, para Maimônides, é que essa expressão diz respeito ao fato de Adão e Eva terem se separado após o assassinato de Abel por Caim. E, para ele, Adão manteve relações sexuais com os seres descritos como humanos destituídos de inteligência e juízo. E geraram os chamados nefilins, ou seres caídos, de Gênesis 6:4.

Nefilins

É importante ser registrado aqui que outra explicação para esse fato vem de uma antiga fonte rabínica dos primeiros pais da igreja e também dos tradutores da septuaginta da Bíblia Sagrada, que foi uma tradução que envolveu 72 rabinos, sendo seis de cada uma das doze tribos de Israel. Foi uma tradução da Bíblia hebraica para o grego *koinê*, ocorrida entre I e o II século a.C. em Alexandria, contemporaneamente a Alexandre, o Grande. A tradução durou 72 dias. Nesta tradução se confirma o termo "nephilins" como "caídos", referindo-se aos filhos de Deus (*Benei-ha-Elohim*). Tradução respeitada inclusive como uma das mais fidedignas. Todos aceitavam o evento de Gênesis 6 como esclarecedor desse fato.

Veja aqui o relato de um dos pais da Igreja:

> É um fato de domínio público e que muitos afirmam haver experimentado ou escutado de pessoas autorizadas que tenham experiência disso que os silvanos e os faunos, vulgarmente chamados de íncubus, têm atormentado com frequência as mulheres e saciado suas paixões. Além disso, são tantos e de tal peso os que afirmam que certos demônios chamados pelos gauleses dusios intentaram e executaram esta animalidade que negá-lo parece imprudência (Santo Agostinho, livro 15, Cap. 23 em *DE CIVITATE DEI*).

No livro Gênesis, capítulo 6, certa raça surgiu da cópula de mulheres humanas com filhos de Deus, traduzida literalmente como Bnai HaElohim, ou seja, Filhos de Elohim. Mas o termo "filhos de Deus" no Antigo Testamento significa "anjos". Entende-se que estes eram os anjos caídos aos quais Pedro se refere, que estão em prisões neste momento, como nos diz o texto de II Pedro: "Deus não deixou escapar nenhum anjo rebelde, mas os enjaulou no inferno..."

Desse relacionamento sexual com as mulheres, surgiu uma bizarra prole híbrida: gigantes na Terra, valentes homens de fama, tradução da palavra raiz do hebraico, *nefilin*. Não podiam ser anjos de Deus, porque estes, por serem obedientes a Deus, não interfeririam na criação.

Portanto, eram anjos a serviço do maligno, ou seja, demônios. Eles se transfiguraram em belos homens para serem aceitos pelas mulheres (os anjos que visitavam Sodoma e Gomorra eram muito bonitos) e entraram na nossa dimensão humana. O objetivo de Satanás era tentar impedir o advento do Messias através da raça humana. Esses homens-demônio corromperam a Terra de tal forma que o mal se instalou, e então o Senhor Deus resolveu destruir completamente toda a raça humana. Noé e sua família não foram contaminados por esses seres malignos. Essa pode ser outra hipótese, diferente da levantada pelo rabino Maimônides para o mesmo evento, explicando como sobrevieram os Nefilins.

Mas, voltando à explicação de Maimônides, a raça que derivou da união dos homens filhos de Adão, criados pelo sopro e espírito de Deus, com as criaturas do estágio anterior eram os Nefilins.

E a interpretação extrapola e vai bem além, cogitando inclusive que, ao comer do fruto proibido, Eva poderia ter caído da graça de Deus e do estado de inocência ante Adão. Para alguns dos teólogos e intérpretes, há a crença de que Adão poderia não tê-la seguido imediatamente, inclusive vindo a se unir a outra mulher. Posteriormente, Adão seguiu Eva e comeu juntamente com ela o fruto, tornando-se mortal.

É preciso ficar claro que essas posições são oriundas de algumas tradições e interpretações bíblicas judaicas e estão longe da que é explicitada e de consenso sobre a Bíblia – e inclusive daquelas de minha concordância. Pessoalmente, como intérprete das Escrituras bíblicas, não sinto necessidade de tal hermenêutica. Prefiro me satisfazer com o fato de que conhecer o poder criador do Senhor é suficiente. Sinto-me mais seguro em seguir a hermenêutica bíblica do que os textos implícitos, que não acrescentam muito a nossa existência.

Como nos diz Deuteronômio 29:29: "As coisas reveladas nos pertencem, porém as ocultas, ao nosso Deus."

Portanto, o caminho mais seguro para nós, homens, é ouvir e nos apegar aos princípios e preceitos que podem nos levar a uma existência segura.

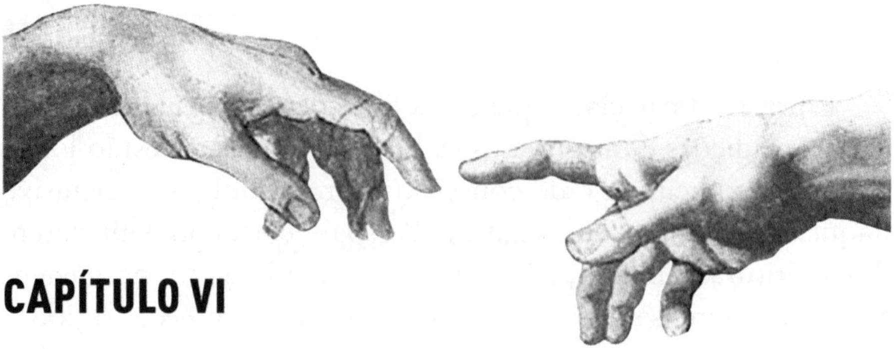

CAPÍTULO VI

Conclusões

Primeira conclusão

A ciência chegou à transcendência ou espiritualidade.

Vimos, portanto, que, na perspectiva de diversos cientistas, a ciência pode, sim, ser paralela à fé e à espiritualidade. Aliás, elas são complementares, de acordo com o pensamento de vários dos cientistas abordados neste livro.

Como vimos nas palavras de Paul Davies, Francis Collins, Amit Goswami, Frank Tipler, entre outros cujos textos detalhadamente estudamos, o conceito de transcendência é parte intrínseca da vida e da natureza do homem e, consequentemente, do Universo. As respostas para as perguntas consideradas como últimas, que trazem propósito e sentido à existência humana, parecem ser encontradas mais nas abordagens religiosas e espirituais do que nas abordagens científicas.

Como disse John Polkinghorne, físico teórico da Universidade de Cambridge, que inclusive trabalhou com Stephen Hawking:

> Acredito que precisamos das abordagens tanto científicas quanto religiosas para compreendermos este mundo admirável em que vivemos. Acredito que os processos físicos são muito mais abertos do que a mecânica newtoniana nos indicava. Ou seja, existem outros princípios causais em ação, acima e além das trocas de energia que a física descreve.

Talvez não à toa, esse físico trocou as aulas de física e as pesquisas por um púlpito da Igreja Anglicana, onde foi ordenado pastor.

Esse mesmo princípio levou o astrônomo Allan Sandage, cientista reconhecido e respeitado, a tornar-se cristão inesperadamente aos 50 anos de idade – pelo desespero de não conseguir responder apenas com a ciência e o pensamento científico a perguntas como: "Por que existe algo em vez de nada?" Apenas através do sobrenatural consigo entender o mistério da existência. E reforça ainda o mesmo princípio explicitado por outros cientistas: "A ciência só pode responder às perguntas pontuais, como 'o quê?', 'quando?' e 'como?'." Por mais investigativa que seja a ciência, ela não consegue chegar ao "por quê" da existência neste mundo.

Se o homem está dotado de propriedade considerada transcendental, ele foi, de alguma forma, capacitado para esse contato – e pode ser a partir daí que encontremos a luz no fim do túnel da existência humana.

Meu objetivo neste ensaio é trazer à luz conceitos e considerações de físicos e cientistas atuais que mostram respeito pela espiritualidade.

A grande certeza da materialidade da qual a ciência foi travestida nas últimas décadas não tem base científica sólida. A partir do advento das propriedades da física quântica e seus conceitos, a posição clássica e determinista arrefeceu.

Portanto, vale a pena, sim, seguir a busca da ciência pela razão, através do método científico. Mas, como dito por Paul Davies, a vocação científica parece mais voltada à descoberta de "como" funcionam as coisas do que para "os porquês", às suas finalidades.

Meu desejo é que o universo de pesquisadores, cientistas e professores que insistem em prosseguir com a busca desse pensamento científico sem abrir mão da procura pela fé e espiritualidade e possa aumentar cada dia mais. Desejo também que seus esforços façam com que essas duas vias de conhecimento possam marcar suas trajetórias, somando-se e completando-se, trazendo ao ser humano seu bem maior: o conhecimento da verdade em sua plenitude, levando-nos à percepção integral das razões da existência humana.

Como vimos, após as perguntas dos criacionistas ainda não respondidas, há um caminho muito longo a ser percorrido para que os cientistas encontrem um corpo teórico completo para suas hipóteses.

A ciência tem evoluído. Muito investimento tem sido feito, e conquistas inacreditáveis têm sido alcançadas. O tempo nos trará grandes e emocionantes descobertas e conclusões científicas. O que esperamos é que todas essas descobertas nos levem a uma sociedade sempre mais justa, democrática e sem preconceitos de qualquer espécie.

O homem tem necessidade de respostas além da materialidade. A busca pelo propósito e pela causa maior da existência torna-se nossa obsessão principal. Que possamos perseguir o caminho da ciência enquanto respeitamos aqueles que chegaram aos postulados espiritualistas da existência e encontram conforto e respostas para suas perguntas.

Assim como a ciência tem seu limite e território, o mesmo pode-se dizer da fé e da espiritualidade. Que essas duas vertentes da existência nos ajudem e nos auxiliem a fazer nossa vida e nossa jornada neste mundo melhores e mais felizes.

Viagem no tempo

Nossa busca seria mais fácil se pudéssemos visitar os chamados universos paralelos.

Em seu livro *Mostre-me Deus*, Fred Heeren afirma em seu diálogo com Alan Guth, físico e cosmologista americano, que está trabalhando em um projeto de máquinas do tempo que possa nos levar de volta ao passado. Ele tem perseguido as "curvas espaço-tempo" fechadas na relatividade geral, que poderiam ser uma máquina do tempo através da qual se poderia viajar para frente ou para trás no tempo. A dúvida é: um espaço-tempo pode se distorcer a ponto de você poder voltar de onde partiu?

Ele conclui dizendo que tem sido extremamente difícil compreender em quais circunstâncias essas curvas podem ou não acontecer. Do ponto de vista da relatividade geral clássica, é muito difícil que elas surjam no mundo real, e ele afirma ainda que de fato a relatividade permite a viagem no tempo sob certos aspectos. Viajar próximo à velocidade da luz poderia levá-lo ao futuro. Entretanto, essa viagem fantasiosa tem uma altíssima possibilidade de conduzi-lo ao encontro de algum buraco negro, onde você provavelmente se tornaria apenas mais uma minúscula partícula de energia engolida.

O professor Delson de Jesus nos afirma que a viagem no tempo foi sempre objeto de especulação na ficção científica. Além disso, essa possibilidade poderia destruir todas as tentativas de formulação de uma teoria unificada na física, porque ela afeta a natureza da relação de causa e efeito nos eventos. Os chamados "buracos de minhoca" permitiriam a viagem no tempo se eles pudessem ser produzidos tecnologicamente. Esse conceito surgiu na década de 1980 e tem base na relatividade geral. Trata-se de atalhos entre dois pontos do espaço-tempo que interligam, por exemplo, dois lados de uma galáxia. A teoria da relatividade geral permite a existência de túneis com essas características, que são possíveis porque a gravidade distorce não só o espaço, mas também o tempo.

Delson de Jesus cita que as soluções de equações que sugerem a possibilidade de o espaço-tempo poder se distorcer a ponto de voltarmos ao ponto de onde partimos em uma viagem no tempo. A teoria da relatividade geral prevê que corpos massivos como estrelas, galáxias, interferem na aceleração ou desaceleração do tempo. Certas soluções das equações sugerem "pontes" (chamadas de buracos de minhoca) que uniriam regiões diferentes do espaço-tempo, permitindo passagem mais rápida através delas. Esta passagem usaria um tempo menor do que a luz gastaria se fizesse o percurso no espaço normal. As soluções para o buraco negro em rotação que a teoria permite, apontam para uma conexão entre regiões do tempo, e não somente entre regiões do espaço. É esta conexão que poderia ser usada como máquina do tempo que, para ser construída teria de ter uma energia nuclear de uma estrela, fato praticamente impossível de ser realizado por nossa tecnologia. Além disto, instabilidades ocorrem quando massa é acrescentada ao sistema e certos efeitos quânticos podem destruir o buraco negro, inviabilizando a viagem.

Recentemente, em 1991, Richard Gott, de Princeton, sugeriu que cordas cósmicas infinitamente longas e paralelas, criadas nos estágios iniciais do Big Bang poderiam também proporcionar a existência da máquina do tempo. Isto seria possível com curvas fechadas no espaço-tempo. Alan Guth publicou um artigo sobre uma solução que ele encontrou que versa sobre a possibilidade da construção de uma máquina no tempo em um universo aberto e mostrou que a solução de Gott não seria possível por não ter energia suficiente para acelerar as partículas do seu modelo. Por outro lado, Alan Guth não está trabalhando num projeto de máquina do tempo. O que ele e outros tentam fazer é encontrar soluções teóricas para esta possibilidade. Teoricamente dizemos ser possível, mas não temos tecnologia para isto ainda. Sabemos pela teoria que viajar para o futuro é possível, desde que viajemos a velocidade próxima à da luz (não temos tecnologia para isto) ou permanecermos num campo gravitacional muito intenso, porque nestas duas condições o tempo vai passar mais devagar para quem estiver na máquina em relação às outras pessoas. A viagem para o futuro se configurará quando a pessoa que usou a máquina retornar para a sua realidade (de onde saiu) e encontrar as pessoas vivendo num tempo muito posterior ao tempo que ele passou na máquina. Já a viagem para o passado é bem mais complicada teórica e tecnologicamente, pois neste caso é necessário encontrar certas configurações do espaço-tempo, por exemplo, o Universo em rotação. Ou teremos de produzir tais configurações tecnologicamente, fato este ainda impossível para as competências deste século.

Outra possibilidade mais remota (porque não há ainda observações) foi prevista pelo matemático austríaco, naturalizado americano, Kurt Gödel, em 1948, que encontrou como solução da equação dos campos gravitacionais de Einstein um Universo em rotação, que puxaria a luz e também as relações de causa e efeito entre os objetos consigo. O círculo fechado formado permitiria ao tempo voltar. Em 1974, o físico americano Frank Tipler modelou um cilindro maciço, infinitamente comprido, girando em torno do seu eixo em velocidades próximas à da luz, o que permitiria a obtenção de resultados semelhantes aos de Gödel.

Mas é o buraco de minhoca a grande moda, porque ele permite a viagem para o passado e também para o futuro. Em 1985, o físico americano Kip Thorne descobriu que um objeto passaria por um buraco de minhoca desde que fosse gerada uma antigravidade para estabilizá-lo, impedindo-o de implodir, e que o tornaria um buraco negro. Um buraco negro possui gravidade infinita e, na sua superfície, o tempo não existiria, porque quanto mais massivo o corpo, maior gravidade ele terá e, portanto, maior a curvatura do espaço-tempo em torno dele, o que faria o tempo escoar mais lentamente.

Os buracos negros já são uma realidade cósmica, mas eles só oferecem viagem de ida, enquanto através dos buracos de minhoca podemos ir e voltar. A antigravidade necessária para estabilizá-lo poderia ser gerada por energias negativas que alguns sistemas quânticos subatômicos apresentam como estados viáveis da matéria. No mundo subatômico, existem buracos de minhoca (eles são da ordem de 10^{20} vezes menores do que o núcleo atômico e são reais). Eles poderiam ser aumentados para atender ao nosso desejo de viajar no tempo, contudo, necessitaríamos de aceleradores de partículas gigantescos para atingir esse fim, o que seria muito difícil de conseguir. Dessa forma, a viagem no tempo é possível em uma região do espaço-tempo onde há anéis de tempo, trajetórias inclusive que se movem abaixo da velocidade da luz, mas que, mesmo assim, retornam ao local e tempo iniciais, por causa da deformação do espaço-tempo.

Parece que nós, seres humanos, temos que nos contentar em vê-las apenas na ficção científica.

Abaixo segue um resumo das experiências que deram caráter científico a fé e a espiritualidade.

1) O Potencial Transferido

- Feita com dois indivíduos (dois cérebros correlacionados);
- Eles meditavam juntos e, depois de 20 minutos, foram separados, sem comunicação, mas mantendo a intenção de se comunicarem;
- Postos em gaiolas de Faraday (câmaras a prova de interferência eletromagnética), cada cérebro foi ligado a um eletroencefalógrafo;

- A uma delas foram mostrados diversos lampejos luminosos que produziram um potencial elétrico registrado pelo eletroencefalógrafo;
- O eletroencefalógrafo do outro indivíduo registrou um potencial similar.

Realidades são formadas por consciência!

As almas dos seres humanos são unas e estão interligadas em comunicação recíproca (Plotino)

2) O Experimento 1 de Poponin (Vladimir Poponin, biólogo quântico)

- Num tubo foi criado um vácuo;
- Foi verificada uma distribuição de fótons, espalhados por todo o interior e paredes do tubo;
- Amostras de DNA humano foram colocadas no tubo e verificou-se que a distribuição dos fótons seguiu a forma do material introduzido;
- Ao retirarem o material humano, os fótons permaneceram distribuídos segundo a forma do material.

Postula-se a existência de um novo campo de energia e que o DNA está se comunicando com os fótons por meio deste campo.

3) O Experimento 2 de Poponin

- O DNA (leucócitos) é recolhido e colocado no mesmo prédio do seu doador;

- O doador é submetido a estímulos emocionais através de video clipes;
- Toda vez que o jogador mostrava seus altos e baixos emocionais (medidos em ondas eletromagnéticas), o DNA apresentava respostas idênticas e ao mesmo tempo;
- O fenômeno se repetia a diversas distâncias entre o doador e o seu DNA, chegando ao limite de 80 km.

As células vivas se reconhecem por uma forma de energia não reconhecida anteriormente. Esta não é afetada pela distância e nem pelo tempo. Esta não é uma forma de energia localizada, é uma energia que existe em todas as partes e todo o tempo.

4) O Experimento 3 de Poponin (Instituto Heart Math)

- O DNA de placenta humana foi distribuído a pesquisadores que foram treinados a terem diversos tipos de emoções;
- Quando os pesquisadores sentiram gratidão, amor e apreço, o DNA respondeu relaxando, e seus filamentos esticando-se. O DNA tornou-se mais grosso.
- Quando os pesquisadores sentiram raiva, medo ou estresse, o DNA respondeu apertando-se. Tornou-se mais curto e apagou muitos códigos.

Esta experiência foi aplicada posteriormente a pacientes com HIV positivo. Descobriram que os sentimentos de amor, gratidão e apreço criaram respostas de imunidade 300.000 vezes maiores do que a que tiveram sem eles.

Segunda conclusão

A proposta da existência sobre o nada é factível?

Falando ainda sobre a mecânica quântica, a teoria do Big Bang e a criação do Universo, o astrônomo Robert Jastrow, fundador do instituto Goddard da NASA e atualmente diretor do observatório de Mount Wilson, respondeu à seguinte pergunta de Fred Heeren, no livro *Mostre-me Deus*: "Existe alguma coisa que saibamos agora da mecânica quântica ou da teoria da inflação ou qualquer outra coisa que possa explicar como o Universo – e o próprio espaço – pode ter vindo do nada?"

A resposta de Jastrow foi enfática:

> Não, não há. Esse é o resultado mais interessante em toda a ciência. Se eles vieram do nada ou de um Universo preexistente, como produto de forças que nunca descobriremos, ninguém sabe a resposta para esta pergunta, porque as circunstâncias de uma pressão de calor e densidade praticamente infinitas no início do Universo necessariamente apagaram qualquer rastro de um Universo anterior. Então o tempo realmente faz um retrocesso, chega a uma parada naquele ponto. Além disso, essa cortina não pode ser aberta.

Não obstante as diversas tentativas de vários cientistas – como Lawrence Krauss, que em seu livro *A universe from nothing* tenta explicar de que maneira as flutuações de vácuo são suficientes para gerar instabilidade nas partículas e consequentemente a formação da matéria derivada dessas flutuações –, ainda permanece a posição de que o nada definido por Lawrence e seus "companheiros" não é absoluto, ou seja, é o "vazio instável", comentado anteriormente. Estamos, portanto, até aqui, no mesmo princípio definido por Jastrow. É o mais intrigante postulado da cosmologia até agora. O Universo aparentemente veio de um fator causal, e a ciência torna-se limitada para transpor os instantes anteriores ao ponto de singularidade.

E o que chamamos Universo não é de fato nada disso, mas um fragmento infinitesimal de um sistema muito maior e mais elaborado em um conjunto de universos ou de regiões cósmicas.

Muitos cientistas que se esforçam por construir uma teoria completamente exaustiva do Universo físico admitem abertamente que parte de sua motivação é verem-se finalmente livres de Deus, o qual consideram uma ilusão perigosa e infantil. E não somente de Deus, mas também de qualquer vestígio de conceitos divinos, como "significado", "propósito" ou "concepção". Esses cientistas veem a religião como algo tão fraudulento e sinistro que apenas ficariam satisfeitos com uma completa "lavagem teológica". Não admitem a existência de nenhum terreno comum e encaram a ciência e a religião como duas visões do mundo implacavelmente opostas. Assume-se que a vitória é o resultado inevitável da ascendência intelectual e da metodologia poderosa da ciência.

O professor Delson de Jesus, em seu ensaio sobre o livro *Sagrado e Profano*, de Mircea Eliade, um dos mais importantes historiadores e filósofos das religiões da contemporaneidade, diz:

> Para o homem a-religioso, tudo isso não passa de acontecimentos que dizem respeito ao indivíduo e a sua família. Estas passagens (vida e morte) perderam o seu caráter ritual. De fato, o que se encontra no mundo profano é uma secularização radical da morte, do casamento e do nascimento. O homem a-religioso recusa a transcendência, aceita a relatividade da realidade e

acontece-lhe até duvidar do sentido da existência. Ele é o sujeito agente da história. Esse tipo de homem se desenvolveu plenamente nas sociedades europeias. Não aceita nenhum modelo de humanidade fora da condição humana. Faz-se a si próprio e não consegue fazer-se completamente senão na medida em que se dessacraliza e dessacraliza o mundo. O sagrado é o obstáculo por excelência diante da sua liberdade. O homem só se tornará ele próprio no momento em que estiver radicalmente desmitificado. Só será verdadeiramente livre no momento em que tiver matado o último Deus. O homem a-religioso é o resultado de um processo de dessacralização da existência humana. Mas existe um homem de fato a-religioso? Parece que não. A maioria dos sem-religião ainda se comporta religiosamente, se bem que não esteja consciente desse fato. O homem moderno também tem uma mitologia camuflada e de numerosos ritualismos degradados, nos espetáculos que prefere, nos livros que lê, quando sai do Tempo, integrando-o a outros ritmos etc. Ele não está completamente liberto dos comportamentos religiosos, das teologias e das mitologias. O homem a-religioso é descendente do *homo religiosus* e não pode anular a sua própria história, ou seja, os comportamentos dos seus antepassados religiosos que o constituíram tal qual ele é hoje. Além disso, um homem unicamente racional é uma abstração. Jamais o encontramos na realidade. Todo ser humano é constituído ao mesmo tempo pela sua atividade consciente e pelas suas experiências irracionais. Um mito proclama qualquer coisa que se manifestou de uma maneira exemplar. Os conteúdos e as estruturas do inconsciente são o resultado das situações existenciais imemoriais e, assim, apresentam uma aura

> religiosa. A religião é a solução exemplar de toda a crise existencial. O homem primordial tinha conservado suficiente inteligência para lhe permitir reencontrar os traços de Deus visíveis no mundo. Depois da primeira queda, a religiosidade caiu ao nível da consciência dilacerada; depois da segunda queda (a da não-religiosidade), caiu ainda mais profundamente, no mais fundo do inconsciente: foi esquecida.

"Mas será que Deus se vai embora tranquilamente?", pergunta Paul Davies (*Jackpot Cósmico*). Ele conclui citando o conceito do "Deus da teologia escolástica", que assume o papel de arquiteto cósmico, cuja existência se manifesta através da ordem racional do cosmo, uma ordem revelada pela ciência. "Esse tipo de Deus é essencialmente imune ao ataque científico."

Por todas essas razões e outras mais, embora não sejam legitimadas, uma parte da sociedade reage à presença da Igreja atualmente como fonte de influência benéfica.

Vimos nas abordagens de alguns cientistas atitudes hostis e indispostas contra a Igreja e consequentemente contra o cristianismo e sua interpretação bíblica. É necessário ainda demonstrar como esses conceitos ganham eco na sociedade de forma geral, em diversas áreas.

Por exemplo, no Reino Unido, em uma polêmica entrevista na BBC conduzida por Jeremy Paxman, o biólogo evolucionista Richard Dawkins chamou os crentes de "extremistas" e "idiotas". E Jeremy Paxman ressaltou o veto para abertura de novas escolas sustentadas por grupos religiosos. O veto veio seguido de uma orientação detalhada. Veja na reprodução integral: "Tais pedidos necessitam de um exame cuidadoso, pois não deve haver crença religiosa e ideológica nas escolas... As crianças devem ser capazes de participar de uma sociedade mais ampla, sem ter seus horizontes estreitados pelo fundamentalismo."

A teoria do Bouncing, outra opção para o Big Bang

O antagonismo ao pensamento religioso continua buscando respostas que ultrapassem o conceito de deidade, após a conclusão de que a aceitação da teoria do Big Bang aponta necessariamente para um fator causal fora do tempo – inclusive criando não apenas a matéria, mas o tempo e o espaço –, boa parte dos cientistas tenta encontrar uma solução científica que poderia ser considerada satisfatória e elegante, prescindindo do conceito de um agente causal.

A revista *Scientific American* de setembro de 2012 trouxe um artigo assinado por Mario Novello com o título "O bóson de Higgs e a massa de todos os corpos". Nele, apresenta-se um debate a respeito dos conceitos básicos sobre a expansão do Universo, perguntando-se se ele estará necessariamente sendo acelerado. E completa dizendo que, "embora o Comitê Nobel aceite este conceito, nem todos estão convencidos disto", citando os cientistas Volodia Belinski, prêmio Marcel Grossmann, e Wolfgang Kundt.

O texto apresenta ainda as bases de uma "abordagem conservadora", segundo suas próprias palavras, para estabelecer o que seria uma influência do bóson de Higgs sobre a teoria. E cita os seguintes aspectos desta visão conservadora:

– o Universo foi muito concentrado em um passado que dista uns poucos bilhões de anos (tempo cósmico);

– havia nesse período uma sopa cósmica envolvendo a matéria em equilíbrio com diversas formas de energia;

– antes disso, as partículas voavam livres e poderiam entrar em cena de acordo com a energia de repouso que possuíam.

Para se decidir o que de fato aconteceu, seria necessário conhecer "o que controlava a dinâmica do Universo naquele momento". E o texto aponta três possibilidades para isso:

1 Aceitar a teoria clássica da relatividade geral como a história do Universo.
2 Aceitar que processos de natureza quântica da gravitação poderiam se manifestar em momentos quando o volume do espaço tomou valores extremamente pequenos.
3 Alteração na dinâmica da gravitação.

Seguindo esse raciocínio, seríamos levados a dois prováveis cenários:

A O surgimento de um ponto de singularidade clássica – Raciocínio que prevaleceu até hoje, desde os anos 1970, sendo esta a opção preferida atualmente.
B O surgimento de um "bouncing" – Uma fase anterior em que o Universo sofreria um colapso, e, após atingir seu valor mínimo, seu volume entraria na atual fase de expansão.

E o artigo recorre ao pensamento de que, ao aceitar a opção do Big Bang como início de tudo, limitamos nosso conhecimento do Universo – pois é impossível descrever racionalmente o que aconteceu nesse primeiro momento. E diz que, embora a maioria dos cosmólogos aceite que "existiu um momento único de criação do Universo", também chamado "universo singular", esta indagação está mal colocada. Para ele, a verdadeira pergunta deveria ser: "A ciência pode produzir uma explicação racional para a evolução do Universo se o Big Bang for confirmado como o começo do Universo?"

O texto termina com uma declaração assombrosa: "No modelo do Big Bang, *stricto sensu*, a cosmologia não poderia se constituir como ciência, pois ela não descreveria a totalidade na construção de uma ciência da Natureza."

Por outro lado, para aqueles que acreditam ser o Universo "eterno", há a opção da "teoria de um Universo sem singularidade", exibindo um "bouncing", conceito que peregrinou desde os dias de Platão. Estes aceitam que haveria possibilidade de uma fase anterior colapsante, na qual seu volume se reduz, indo a um mínimo, e depois se inicia a atual fase de expansão. Isso nos conduziria às intrigantes e atuais questões: Por que o Universo teria começado essa fase de colapso gravitacional? E por que ela terminou e se transformou na fase atual de expansão?

Como vimos, as mentes inquietas dos cientistas estão em busca de respostas – de forma especial, à possibilidade de encontrar opções para a teoria do Big Bang, que ainda prevalece atualmente, mas que aponta para um "impasse" em seu momento singular e abre espaço para a concepção de um fator transcedental capaz de produzir a singularidade. Aceitando a teoria do bouncing, evita-se consequentemente essa tentação científica da possibilidade da transcendência.

Terceira conclusão

Não se pode enrijecer a interpretação bíblica sem trazer prejuízo à sua inspiração e sua infalibilidade.

Não se devem enfatizar nossas interpretações pessoais e fazer delas o absoluto da interpretação, dando-lhes o mesmo peso do texto original.

Nos pontos em que o texto bíblico é literal, no plano óbvio da escrita, seu sentido torna-se evidente. Mas nos pontos em que o próprio texto esconde processos não explícitos, deveríamos ser capazes de respeitar o autor e o desígnio soberano, contentando-nos com a luz que temos.

Pode-se, sim, especular, mas sem o dogmatismo radical, demonstrado ao longo da história. Como abordado nas duas primeiras partes deste livro, tanto o radicalismo religioso quanto o radicalismo científico falharam em seu propósito. E ambos foram ultrapassados e atropelados pela trajetória da história.

Não se pode dar uma interpretação ao texto além daquela que o próprio autor deu. Não podemos extrair e nem acrescentar algo que o texto original não fez.

Em Apocalipse 22:18, somos exortados a não "acrescentarmos nem retirarmos nem uma parte das Escrituras".

Elas falam por si só.

2- Sempre que se faz algum movimento para harmonização entre a ciência e a fé, alguns gargalos são levantados, não sem razão.

O primeiro deles é a questão da duração do "dia" estabelecido no primeiro capítulo do livro de Gênesis, ou seja, os seis dias da criação.

Eles são dias de 24 horas ou de 1000 anos?

Como vimos nas abordagens anteriores, o texto não o explicita, deixando, portanto, margem a interpretação pessoal. Os criacionistas literais acham que precisa ser "dia de 24 horas", sob o risco de se comprometer a inspiração e a infalibilidade bíblica. Outros, nos quais me incluo, acham que não. Se aceitarmos a possibilidade de dias que representam épocas, como de 1.000 anos, por exemplo, não comprometeremos a inspiração nem a infalibilidade bíblica.

Como se media um dia de 24 horas, se não havia ainda o Sol e consequentemente o movimento de rotação da Terra em seu eixo, que não traria um período iluminado (dia) e outro escuro (noite)?

O desejo do autor no texto original não foi dar um relato científico, mas descritivo das etapas da criação.

As palavras usadas no hebraico refletem o movimento da criação pelo Criador, ora criando do nada – *Bara*, ora formando sua criatura através de uma matéria já existente – *Asah*. Duas palavras que se revezam na descrição do texto bíblico de Gênesis, capítulo primeiro.

Apenas para citação explícita, veja o verso 3 do capítulo 2: "E abençoou Deus o sétimo dia, e o santificou, porque nele Ele descansou de todas suas obras que criara (*Bara*) e fizera (*Asah*)."

Portanto, uma leitura apurada do texto nos repetirá a compreensão de que Ele tanto usou sua palavra para criar do nada algumas porções como no instante inicial da criação, quando aparentemente foram criados a galáxias, as estrelas e os planetas, inclusive a Terra.

> "No princípio criou Deus os céus e a Terra."
> Gênesis 1:1a

Assim como posteriormente, Ele forma através do elemento terra, com suas composições químicas, inclusive, os animais e o homem. Não existe aqui neste texto nenhuma explicitação sobre o processo dessa criação nem o tempo gasto para criar o mundo, a não ser encaixá-la no período chamado dia.

Mas lembremos que, como o Sol não havia sido criado, pelo menos não havia sua interpelação com o planeta Terra ainda. Alguns aceitam que a Terra fora criada primeiramente e somente no quarto dia apareceu o Sol e os luminares.

Pessoalmente, eu creio na hipótese de que o Sol fora criado, por ocasião do versículo 1:1a, quando "Deus criou o céu e a Terra". Gênesis 1:1a.

Eu creio que a palavra "céus" faz menção ao firmamento, incluindo as galáxias com as estrelas e os astros celestes.

Recentemente, através da análise dos dados do satélite científico protoplanetário, que circula o sistema estelar CoKu Tau 4, na constelação de Touro, chegaram à conclusão de que planetas como a Terra se formam à sombra de refugo e detritos de sua estrela central, o Sol, no caso da Terra. Isso nos leva ao alinhamento com a posição bíblica, de Gênesis 1:1, que afirma que a Terra era sem forma e vazia nos momentos iniciais de seu desenvolvimento.

Os cientistas da NASA afirmaram, segundo as informações do *PRNewsWire*, no artigo "NASA Discovery Proves The Bible Scientifically", de Paul Hutchins, de 11 de março, 2013, que, como um planeta amadurece dentro de seu casulo empoeirado de forma gradual, acaba sugando toda a poeira entre ele e o Sol, o que seria compatível com o que o livro de Gênesis diz no verso 3 ("Haja luz"), que a ciência trata como luz difusa.

Ele afirma ainda que, somente nos últimos estágios de formação do planeta, a luz do Sol, já existente, a Lua e as estrelas seriam visíveis da Terra, coincidindo com a afirmativa bíblica que diz "E passou Deus a fazer (*Asah*) os dois grandes luminares... e as estrelas". Afirma Paul Hutchins que "o uso da palavra *Asah* não significa criar, mas que foi levado a esse significado".

Portanto, a Terra foi formada a partir de resíduos e detritos do Sol, e a luz surgiu lentamente em etapas, exatamente como Gênesis nos afirma, especialmente quando a passagem é lida no seu original em hebraico.

3- O seis dias da criação

E a luz citada no primeiro versículo do capítulo um?

A que se refere a palavra "luz"?

"E disse Deus haja luz, e houve luz, e viu Deus que a luz era boa." (Gênesis 1:3, 4)

A que se refere essa expressão se a luz solar veio apenas posteriormente, no quarto dia?

Parece que essa luz faz menção à irradiação da energia dos astros do Universo, como estrelas e galáxias.

Podemos entender que a energia que emanava das estrelas em combustão, inclusive o Sol, poderia se tornar elemento para abrigar a vida, como de fato aconteceu posteriormente.

Quarta conclusão

A Bíblia, embora contenha ciência, não é um livro científico.

Seu maior objetivo é ser um livro de orientação sobre o relacionamento do Criador com seus filhos; e dos filhos entre si.

Ela não é um mapa cartográfico, embora inclua relatos geográficos; da mesma forma, ela não é um livro de história cronológica, embora contenha fatos históricos.

Também não é um livro científico primordialmente, embora tenha citações científicas em diversas partes, como vimos no capítulo primeiro.

Para ser um livro científico, ela teria que se submeter ao método científico em seus relatos, o que se torna sem sentido, já que todos os seus escritos datam de época anterior à formulação do método científico, cujo fundamento foi lançado por René Descartes (1596-1650), filósofo, físico e matemático francês..

Todas as vezes que as Escrituras Sagradas abordam algum aspecto da criação é de forma a não se ater aos aspectos científicos da afirmação. A começar nos primeiros capítulos do livro de Gênesis; ela não nos diz como Deus criou o homem e os seres vivos, apenas afirma que Ele os criou. Inclusive, a palavra usada no hebraico é *Asah*, que significa "fazendo de outra substância ou elemento".

Mas a própria Bíblia nos diz que Ele fez os seres vivos do pó da Terra. Não nos admiremos que tenhamos toda uma grande coincidência em nossos genomas com os demais seres vivos. Inclusive, trazendo os mesmos elementos químicos. O que a Bíblia não afirma é o processo usado para a criação.

Quinta conclusão

O discurso ético e sociológico deve ser cientificamente aceitável, e não religioso.

Embora o discurso ético não possa depender de uma ciência que não incorpora a transcendência, como nem todos aceitam esses princípios, teremos de ter a capacidade de dialogar na arena da ciência.

Como abordado anteriormente por vários cientistas, a ciência moderna já provou que sozinha não leva o homem a padrões éticos. Ela é completamente incapaz de trilhar a caminhada da espiritualidade nos padrões que se encontram no momento, apesar das grandes descobertas.

A ética teria de ter padrões perenes, valores não ultrapassáveis, como o amor, a verdade, a honestidade em todos os níveis, inclusive intelectual, que levem os seres humanos a uma vida mais plena.

O discurso religioso aponta para questões subjetivas como a alma, o espírito e a eternidade, exatamente onde reside a fonte de toda ética e espiritualidade.

Como Allan Sandage (1926-2010), astrônomo americano, cientista que se tornou cristão, declara: "Somente com o sobrenatural, posso encontrar a razão do propósito."

Em meio a um mundo de democracia e liberdade como o nosso, precisamos ter a capacidade de conviver com nossos contrários. E, mais ainda, temos de ter a liberdade para discutir valores e princípios de conduta e ética com cidadãos que caminham conosco em nossa jornada de existência, porém não pensam como nós e não partilham conceitos e experiências espirituais ou sobrenaturais.

Enquanto cientistas como Allan Sandage e John Polkinghorne, fizeram mudanças de rotas de existência pelo contato com o sobrenatural e por encontrarem respostas nas pegadas da religiosidade, milhares de outros não têm o mesmo destino. E, por isso, não respeitam e não gozam a mesma perspectiva espiritualizada da vida.

Neste palco, nos resta uma abordagem moral e ética, comum a todos os conviventes da sociedade, sem prejuízo da liberdade de comunicação entre todos. Pessoas radicais e ateias de hoje podem se tornar convictos religiosos amanhã – e vice-versa.

Sem dúvida, em uma sociedade de maioria religiosa, sua lei tende a seguir seu princípio, mas sem ferir o princípio democrático e de proteção às minorias. Não é por termos maiorias em qualquer princípio que temos que impor aos outros nosso pensamento e valores.

Sexta conclusão

A extravagância do estilo de vida dos líderes religiosos é o maior adversário que a visão religiosa pode ter.

Como já foi explicitado, na abordagem de Collins, citando Dawkins em seu terceiro argumento contra a religiosidade: "A religião teria feito maior mal à humanidade do que qualquer outra coisa". Ele se esquece de que, bem ou mal, foi o cristianismo que trouxe nossa sociedade a este padrão de vida e de desenvolvimento social e inclusive às sociedades democráticas. Jacques Rollet, em seu livro *Religião e política*, escreveu: "Não se constroem sociedades democráticas sem o cristianismo."

Sem dúvida, a extravagância tanto da Igreja como instituição como de líderes que acham que o sucesso justifica os excessos morais, bem como a extravagância financeira e os abusos de poder, têm feito muito mal à credibilidade da religiosidade. E isso projeta-nos ao passado do segundo milênio, em que estes excessos chegaram ao extremo do domínio e do dogmatismo por parte da Igreja.

Vários cientistas e até mesmo juristas, infelizmente, inspirados nestes maus exemplos, concluíram que a religiosidade não é um caminho seguro e melhor para a humanidade e, portanto, deve ser cerceada ou pelo menos desencorajada.

Quando essa apologia ascética se encontra com teses ou argumentos científicos que colocam em suspeição qualquer postulado religioso, o terreno minado para a fé e para a espiritualidade está formado.

Mesmo sabendo que não devemos reconhecer a ciência como tendo autoridade sobre a fé e sobre as suas questões, mas como uma companheira de caminhada, sempre encontramos indivíduos mais exaltados e dispostos a se imporem sobre os demais. O radicalismo aparece logo em seguida, como no final do último século. Não podemos aceitar radicalismo travestido de cientificismo. Da mesma forma, não é possível negar a tendência do ateísmo científico, querendo impor uma verdade, sem reconhecer que há outras verdades, que em numerosas questões possuem autoridade equivalente àquela produzida pelo método científico.

O mundo científico precisa também ser capaz de enxergar a diferença entre sistema religioso e verdadeira religiosidade. Em outras palavras, saber diferenciar o "joio do trigo". Não basta alguém usar o nome de Cristo, mas negar seus ensinamentos. Não podemos nos inclinar a esse tipo de afirmações simplórias.

A Igreja ou os líderes não podem abrir esta guarda – que pode trazer grande dano a toda a cristandade.

Os religiosos, tanto por seus sistemas quanto por seus líderes, precisam entender que um exemplo de ética e moral é de uma beleza sem igual em meio a um mundo de tanta dúvida e dor como o nosso. Eles precisam ser capazes de dialogar com seus iguais e seus contrários com amor, inteligência e moderação, apelando à força da verdade e da paciência, que é capaz de prevalecer sobre qualquer adversidade.

Sétima conclusão

A busca pelo sentido da existência e pelo conforto da alma é maior do que todas as respostas e benefícios materialistas.

Até mesmo cientistas ateístas, como o matemático e filósofo Bertrand Russell, se dobraram ao fato de que "a combinação entre matemática e teologia sempre existiu, desde Pitágoras, e chegou até a idade antiga de Santo Agostinho e evoluiu até Kant, passando por Tomás de Aquino, Descartes, Spinoza e Leibniz".

E podemos ainda reforçar a teoria do "princípio antrópico", apresentada por Brandon Carter, físico não religioso. Em 1973, ele postulou que o Universo foi criado de maneira que nós o percebemos justamente para ser observado por criaturas como nós, capacitadas de inteligência, e cuja consciência é fundamental, porque escolhe uma possibilidade entre as diversas estabelecidas pela mecânica quântica.

A existência, do ponto de vista físico, químico e biológico nada mais é do que uma série de circuitos precisos que chega à perfeição que nos leva à consciência de realidade e a uma interpretação por meio da inteligência que nós não sabemos precisar, tal a grandeza de seu valor e fenômeno.

Por tudo que já dissemos e discorremos, concluímos que o cientificismo materialista não conseguiu apagar a chama da espiritualidade e transcendência.

Oitava conclusão

Se não existe a espiritualidade e a transcendência, o mal por sua vez não existirá.

Isso nos traria um conflito filosófico sobre a vida com a ausência do mal. Teremos muita dificuldade para explicar os capítulos tristes da história, como Hitler, Nero e dezenas de outras personalidades, com suas excentricidades e atrocidades. Por mais egoísta e inescrupuloso que um ser humano seja, a barbárie e a bestialidade cometidas em nossa história extrapolam o senso comum e beiram um espectro escuro e irracional. E somente a inspiração do mal nos leva a aceitar cenas irracionais, cometidas por seres racionais e morais, como os seres humanos. Portanto, não é tão simples retirar por meio de um argumento o conceito da transcendência dos níveis subjacentes de nosso Universo. Isso traria profundas contradições não apenas científicas, mas também filosóficas.

Alguns sociólogos e filósofos mais afoitos vão dizer: "As crueldades que aconteceram ao longo da história da humanidade foram devido à intolerância, e não necessariamente ao mal como agente."

A pergunta é: o que estará por trás desta intolerância, quer seja de origem política, racial ou religiosa? O que levaria um ser humano a se sobrepor aos demais, por causa de sua etnia, de sua fé ou até mesmo por sua cor de pele?

Mais uma vez, o raciocínio que sobrepassa a razão torna-se irracional, e aceitamos mais facilmente o conceito do mal, como uma fonte externa capaz de induzir o ser humano às maiores atrocidades "justificadamente".

Portanto, meu amigo, esta existência e sua história foi profundamente marcada por fatos e acontecimentos com as marcas do mal. E, sem este conceito, estaríamos completamente perdidos. E o pior: isso nos levaria ao ciclo do "olho por olho, dente por dente", descrito na lei de Moisés.

Para aqueles que querem compreender mais esse princípio, sugiro meu livro *Batalha Espiritual* (Sara Brasil Edições, 2012), no qual eu explicito a evolução do conceito do mal entre os homens. De forma *en passant*, explico que apenas com a vinda de Jesus Cristo, como Messias, o mal foi identificado e denunciado. Antes dele, mesmo em todo o Velho Testamento, as ações de Satanás não eram reconhecidas como provenientes do "mal". Às vezes os homens até mesmo as atribuíam ao Senhor. Foi Jesus Cristo quem chamou Satanás pela primeira vez de Diabo. Por quê? Porque esses dois nomes no original refletem sentidos diferentes, embora com conotações quase iguais. A palavra *diabolos*, no grego, definia origem do mal. O importante para nós hoje é sabermos que a visão deste mundo não se ajusta sem a completude da transcendência, e isso implica no contraditório perene da vida humana.

Nona conclusão

Parece haver uma via de conhecimento que não passa pela razão, mas chega até nós mediante o processo de revelação ou misticismo.

Através do estudo da metafísica, que envolve temas para "além da física", relacionados com a natureza da pesquisa científica, como a origem e a finalidade do Universo, a relação do mundo percebido por nossos sentidos, sua realidade e a ordem subjacente, podemos chegar a informações antes desconhecidas e inacessíveis.

Esse processo nos aponta possibilidade de encontrarmos respostas para as perguntas sobre o propósito do Universo e de nossas ações como atores no palco deste mundo de aparente solidão existencial.

Enquanto a ciência nos tem traduzido com maestria o modo como o Universo funciona, esta possível via de conhecimento e informação transcedental pode nos levar ao porquê de as coisas existirem e serem do jeito que são.

Como vimos ao longo de todo este livro, a quase totalidade dos cientistas aqui citados concorda que existe algo além do véu da materialidade. E se este pressuposto for real, então é possível descobrirmos os caminhos a este acesso.

E tenhamos certeza de que será pelas vias da espiritualidade. Somente através delas podemos ter a esperança de que encontremos "algo no lugar de nada".

Décima conclusão

As diferentes religiões e visões espiritualizadas apontam para uma existência transcendental.

Estamos acostumados a lutar e a defender sempre nossos conceitos *strictus sensus*. Ou seja, se a cartilha não é rigorosamente a minha, então não vou me envolver ou me comprometer.

Mas, como físico cristão, eu não deveria estar defendendo apenas a posição cristã, talvez como Tipler fez, ao abordar "A física do cristianismo"?

Acredito que poderia, sim, ter feito essa escolha, mas achei mais coerente enfocar as visões materialistas ou da espiritualidade da ciência neste livro.

Como dito no início, até mesmo como bispo evangélico, é óbvio que minha posição pessoal tende claramente à espiritualidade científica bíblica, mas não significa que não possamos ter a capacidade de caminharmos juntos com todos que partilham uma visão espiritualizada da existência, apoiada pelas bases científicas coerentes.

Nossas diferenças nas denominações espiritualizadas tornam-se assunto para outro ensaio, que poderemos, sim, realizar. Por enquanto, dou-me por satisfeito em abordar o materialismo científico como principal tema.

Até porque creio que esta assertiva materialista que nos foi legada ao longo de toda uma geração tem feito muito mal à sociedade, especialmente no quesito de relativizar os valores mais nobres da existência humana. Da mesma forma que uma abordagem criacionista simplista pode nos levar a conflitos profundos por contradizer alguns postulados científicos comprovados. E isso levará à ridicularização do Evangelho e da fé cristã.

Acredito que no ponto em que estamos neste momento, é prudente andarmos em uma posição de abertura e moderação. É imperativo construirmos instituições capazes de moldar o pensamento científico cristão com coerência e honestidade. Sem desculpas, sem sofismo e sem preconceito de qualquer forma.

Temos a obrigação de trazer respostas científicas coerentes para a academia sobre a fé e a espiritualidade. Não podemos jamais renunciar ao pensamento científico em nome de nossa fé. Pois isso seria ineficaz e impróprio.

Espero, portanto, sem nenhum sentimento dogmático, ter contribuído por meio destas páginas para a construção de um novo conceito de ciência e espiritualidade. Um futuro maravilhoso e promissor nos aguarda através do desenvolvimento científico, mas pode se perder pelos excessos e pela intolerância. As reações e intolerância de qualquer nível podem comprometer e nos levar ao retrocesso como civilização.

Como abordado por Michio Kaku em seu livro *Hiperespaço* (Rocco, 2000), as guerras e intolerâncias governamentais, somadas ao arsenal bélico nas mãos de caudilhos e governos totalitaristas, podem trazer de volta o pesadelo vivido por gerações anteriores.

Tanto na questão do desenvolvimento científico biológico com um nível de vida nunca atingido anteriormente quanto do ponto de vista tecnológico, estamos chegando a patamares jamais imaginados por nossos antepassados. Porém, esses desenvolvimentos científicos, sozinhos, não trazem quietudes à alma humana. Ao contrário: a transitoriedade da existência, pelo conceito insuportável do tempo que nos vence e também pela finitude da energia, aponta outra dimensão.

A história já nos ensinou que, por mais perfeita que seja qualquer teoria, descoberta, filosofia ou crença, ela não pode se radicalizar. A capacidade de demonstrar os valores maiores de amor e tolerância é fundamental para a formação de sociedade democrática. E a expressão maior deste amor é a capacidade de dialogarmos com nossos contrários.

Que nos próximos anos e décadas, nos quais tremendas descobertas e novas revelações nos aguardam, possamos seguir com essa atitude de gratidão e benevolência para com todos que conosco desfrutam a caminhada de nossa existência.

Definitivamente, por mais maravilhoso que seja viver e desfrutar esta existência, não somos daqui. Este mundo é transitório, e esta vida aponta outra realidade – e ela é transcendente e espiritual.

Estejamos sempre atentos a ela.

Perfis dos cientistas

1. Francis Collins

Nascido nos Estados Unidos em 1950, o físico e geneticista Francis Collins se notabilizou por seu papel de liderança no Projeto Genoma, onde foi responsável pela façanha do mapeamento do DNA humano. Aos 27 anos, já um renomado pesquisador, Collins deixou de ser ateu para se tornar cristão – e passou a enfrentar resistência no mundo acadêmico. Em 2006, lançou o livro *A linguagem de Deus*, contando sua experiência e relatando que, em sua opinião, a Fé religiosa não se choca com os princípios da ciência. Criou também a fundação BioLogos, que busca fazer a aproximação entre as duas.

O Big Bang grita por uma explicação divina. Obriga à conclusão de que a natureza teve um princípio definido.

Apenas uma força sobrenatural, fora do tempo e do espaço, poderia tê-la originado.

O Deus da Bíblia é também o Deus do genoma. Pode ser adorado na catedral ou no laboratório. Sua criação majestosa, esplêndida, complexa e bela não pode guerrear consigo mesma.
A linguagem de Deus, *pg. 75*

2. Stephen Hawking

Um dos mais conhecidos e respeitados pensadores da atualidade, o britânico Stephen William Hawking é um físico teórico e cosmólogo que tem ajudado a popularizar a ciência para os leigos. Seu livro *Uma breve história do tempo* ficou por 237 semanas – um recorde absoluto – na lista dos livros mais vendidos do jornal londrino *The Times*. Foi professor lucasiano de matemática na Universidade de Cambridge de 1979 a 2009 – posto anteriormente ocupado por Isaac Newton. Tornou-se um exemplo e uma referência mundial de superação ao manter suas atividades apesar de conviver com uma esclerose lateral amiotrófica (ELA), que o mantém praticamente paralisado – ele se comunica apenas por meio de um sintetizador de voz.

Quase todos os pensadores cristãos defendem que Deus pode suspender as leis para realizar milagres, e até mesmo Newton acreditava em certa espécie de milagres.

A ideia de que o Universo foi concebido para acolher a humanidade surge em teologias e mitologias há milhares de anos até o presente.

3. Michio Kaku

Filho de imigrantes japoneses, Michio Kaku nasceu na Califórnia, nos Estados Unidos, em 1947. Formou-se em Harvard em 1968 e se tornou um dos físicos teóricos mais importantes de sua geração, tendo criado a teoria dos campos de corda. Atualmente, é professor de física teórica na Universidade de Nova York e tem trabalhado bastante na popularização da ciência, frequentemente protagonizando aparições em programas de rádio, televisão e até cinema – entre eles, atrações na BBC e no Discovery Channel. Escreveu dois livros que chegaram às listas de mais vendidos do *The New York Times*: *A física do impossível* (2008) e *A física do futuro* (2011).

Podemos admitir que Deus existe. Como todas as observações que implicam um observador, deve haver alguma consciência no Universo.

Alguns físicos, como o prêmio Nobel Eugene Wigner, insistiram que a teoria quântica prova a existência de algum tipo de consciência universal cósmica no Universo.

O Deus dos Milagres está, em certo sentido, acima do que conhecemos como ciência. Isso não quer dizer que milagres não possam acontecer, somente que eles estão fora do que é comumente chamado de ciência.

4. Danah Zohar

Norte-americana nascida em 1945, Danah Zohar estudou física e filosofia no Instituto de Tecnologia de Massachussetts (MIT) e fez pós-graduação em filosofia, religião e psicologia na Universidade de Harvard. Tornou-se uma sumidade mundial em liderança, dando palestras em todo o planeta para auditórios lotados de gerentes e executivos. É uma das maiores especialistas em inteligência espiritual, capital espiritual e suas conexões com a sustentabilidade. Escreveu livros de referência, como *O ser quântico* e *Quem tem medo do Gato de Schrödinger.*

O homem deveu sua colocação especial não a seu corpo, que era feito de mero "barro", mas ao fato de possuir uma alma – em termos modernos, uma consciência – que de alguma forma espelhava o Divino Ser.

Sem o Deus cristão, sem a fé num reino transcendental da alma, e cego para a "alma" (consciência) das coisas e criaturas, o dualismo cartesiano ateu nos deixou de mãos vazias.

O materialismo nu e cru simplesmente não consegue explicar a consciência.

5. Amit Goswami

Filho de um guru hinduísta, o físico Amit Goswami nasceu na Índia e fez boa parte de sua vida acadêmica nos Estados Unidos como professor de física teórica na Universidade de Oregon. Goswami é pioneiro em um novo paradigma científico chamado "ciência com consciência" – cuja maior referência é seu livro *O universo autoconsciente*. Em sua vida pessoal, prega e pratica a espiritualidade e a transformação, definindo-se atualmente como um "ativista quântico". Em seu livro *A janela visionária*, demonstrou como a ciência e a espiritualidade podem ser integradas.

A ciência descobriu a espiritualidade. Hoje, há uma teoria científica consistente sobre Deus e a espiritualidade com base na física quântica e no primado da consciência.

Você pode chamar a "nova ciência" de "ciência de Deus", mas não precisa fazê-lo.

Nos séculos XV e XVI, a religião era a grande inquisidora e a causa de muitas atrocidades cometidas na tentativa de silenciar a ciência. Hoje, porém, a ciência, sob a influência do materialismo, tornou-se a grande inquisidora, exibindo sua arrogância e declarando Deus e o sutil como sobrenaturais e supérfluos.

6. Gregg Braden

Gregg Braden é hoje uma das principais vozes na aproximação entre ciência, espiritualidade e o mundo real. De formação eclética – trabalhou para a Philips Petroleum durante a crise de energia dos anos 1970 e para a empresa de sistemas de defesa Martin Marietta, nos últimos anos da Guerra Fria, em 1991 –, Braden tornou-se famoso ao fazer a ponte entre o conhecimento antigo e a tecnologia. Seus livros – entre os quais estão os famosos *O efeito Isaías*, *A matriz divina* e *O código de Deus* – foram publicados em 19 idiomas em 38 países, sempre com a mensagem de que a chave do nosso futuro encontra-se na sabedoria do nosso passado.

7. Masaru Emoto

Fotógrafo e escritor japonês nascido em 1943, Masaru Emoto tornou-se conhecido mundialmente por sua tese de que a consciência humana afeta a estrutura molecular da água. Para corroborar sua teoria, Emoto, desde 1999, tem lançado livros – o mais conhecido deles sendo *As mensagens da água* – em que traz imagens de seus experimentos. As fotos, realizadas com equipamento especial, trazem cristais de água ao lado de palavras de tons positivos e negativos, mostrando diferentes formações de acordo com o tom dos sentimentos.

8. Herb Gruning

Ph.D. em filosofia da religião pela McGill University, em Montreal, o canadense Herb Gruning é especialista no tema ciência e religião, autor de vários livros sobre o assunto – entre eles, *Deus e a nova metafísica*, no qual analisa essa delicada questão partindo do princípio de que tanto o conhecimento científico como o religioso são caminhos para um questionamento aprofundado da realidade. Pesquisa o pensamento dos físico-filósofos Alfred North Whitehead e David Bohm e leciona para alunos nos Estados Unidos e no Canadá.

A ciência e a religião devem estar mais intimamente relacionadas do que previamente se suponha.

Tanto a ciência quanto a religião são as duas principais rotas ao longo das quais podemos explorar a realidade, e elas também podem compartilhar instrumentos, embora isso em si mesmo não leve à diminuição de seus conteúdos.

9. David Bohm

Físico quântico norte-americano, David Bohm (1917-1992) é considerado um dos maiores teóricos da física no século XX. A partir dos anos 1960, suas visões científica e filosófica tornam-se inseparáveis, tendo escrito alguns livros, como *Totalidade e ordem implícita* e *Ciência, ordem e criatividade*, nos quais traz uma abordagem da filosofia e da física. Durante o período macarthista de caça aos comunistas nos Estados Unidos, nos anos 1950, Bohm deixou o país e estabeleceu-se primeiro no Brasil e depois na Grã-Bretanha, onde continuou seu trabalho – que deu forte contribuição às áreas da física teorética, filosofia da mente e neuropsicologia.

10. Paul Davies

Físico inglês nascido em 1946, Paul Davies é doutor pela Universidade de Londres e atualmente é professor de filosofia natural no Centro Australiano de Astrobiologia na Universidade de Macquaire, Sidney. Seus campos de pesquisa incluem cosmologia, teoria quântica de campos e astrobiologia. Dirige, desde 2005, a SETI: Post-Detection Science and Technology Taskgroup, da International Academy of Astronautics – cuja principal missão é buscar evidências de vida extraterrestre. Davies também obteve reconhecimento internacional por sua produção de livros – os mais conhecidos e respeitados sendo *A mente de Deus*, *O jackpot cósmico* e *O átomo assombrado*.

O fato de a ciência funcionar, e tão bem, aponta algo de profundamente significativo na organização do cosmo.

Deus projetou a natureza com habilidade e engenho consideráveis, e a tarefa da física das partículas é revelar parte desse projeto e a aparente sintonia fina entre as leis naturais necessárias para que a vida possa evoluir no universo.

A essência da experiência mística é uma espécie de atalho para a verdade, um contato direto e sem mediações com uma realidade última percebida.

11. Lawrence Krauss

O físico teórico Lawrence Krauss, nascido em Nova York em 1954 e criado em Toronto, é professor do projeto Origins na Arizona State University. Ele é um defensor do ceticismo científico, da biologia educacional e da ciência da moralidade. Ficou famoso ao sugerir que a chave para entender o surgimento do Universo é um tipo de matéria impossível de detectar da Terra, conhecida como matéria escura. O cientista defende a ideia de que o Universo foi criado por acaso e a partir do nada – tese que sustenta em seu livro *A universe from nothing*.

As estruturas que podemos ver, como estrelas e galáxias, foram criadas pelas flutuações quânticas, do nada.

Noventa e nove por cento do Universo é atualmente invisível para nós e composto por matéria escura e alguma forma de partículas elementares, que são misteriosas para nós.

BIBLIOGRAFIA

BRADEN, Gregg. *A matriz divina: uma jornada através do tempo, do espaço, dos milagres e da fé*. Cultrix, 2008.

BRENNAN, Barbara Ann. *Mãos de luz*. Editora Pensamento, 2006.

COLLINS, Francis. *A linguagem de Deus*. Editora Gente, 2007.

CREMO, Michael A. e THOMPSON, Richard L. *A história secreta da raça humana*. Aleph, 1996.

DAVIES, Paul. *A mente de Deus*. Ediouro, 1994.

________. *O jackpot cósmico*. Gradiva, 2009.

EMOTO, Masaru. *As mensagens da água*. Ísis, 2004.

FEULNER, Georg. *Quero saber: os grandes físicos que mudaram o mundo*. Editora Escala, 2010.

GOSWAMI, Amit. *A Física da alma*. Aleph, 2011.

________. *Deus não está morto*. Aleph, 2008.

________. *O ativista quântico*. Aleph, 2010.

________. *O médico quântico*. Cultrix, 2006.

________. *O universo autoconsciente*. Aleph, 2008.

GRUNING, Herb. *Deus e a nova Metafísica*. Aleph, 2007.

HAWKING, Stephen W. *A Teoria de Tudo: a origem e o destino do universo*. Gradiva, 2010.

________. *Uma breve história do tempo*. Rocco, 1991.

________. e MLODINOW, Leonard. *O grande desígnio*. Gradiva, 2011.

HEEREN, Fred. *Mostre-me Deus*. Clio, 2008.

JEFFREY, Grant. *A assinatura de Deus: surpreendentes descobertas bíblicas*. Bompastor Editora, 1998.

KAKU, Michio. *Hiperespaço: uma odisséia científica através de universos paralelos, empanamentos de tempo e a décima dimensão*. Rocco, 2000.

________. *A Física do futuro: como a ciência moldará o destino humano e o nosso cotidiano em 2100*. Rocco, 2012.

KRAUSS, Lawrence. *A universe from nothing*. Free Press, 2012.

________. *A física de Jornada nas Estrelas – Star Trek*. Makron Books, 1996.

NAHMANIDES, *Commentary on the Torah*. C. Chavel, 1971.

PESSOA JUNIOR, Osvaldo. *Conceitos de Física Quântica*. Editora Livraria da Física, 2003.

PUNSET, Eduardo. *Frente a frente com a vida, a mente e o universo*. Dom Quixote, 2009.

RIFKIN, Jeremy. *A terceira Revolução Industrial – como o poder lateral está transformando a energia, economia e mundo*. M.Books do Brasil, 2011.

ROLLET, Jacques. *Religião e Política*. Editora Crença e Razão, 2002.

SCHENBERG, Mário. *Pensando a física*. Landy Editora, 2001.

SCHROEDER, Gerald L. *The Science of God*. Broadway, 1997.

TIPLER, Frank J. *A Física do cristianismo*. Cultix, 2010.

TROWARD, Thomas. *O poder oculto e outros ensaios sobre a ciência da mente*. Clio Editora, 2011.

VALADARES, Eduardo de Campos. Aplicações da Física Quântica: do transistor à nanotecnologia. Editora Livraria da Física, 2005.

VAN PRAAGH, James. *Espíritos entre nós*. Editora Sextante, 2009.

ZOHAR, Danah. *O ser quântico*. BestSeller, 2010.

Este livro foi composto em
Sabon LT Std para a Leya
e impresso em maio de 2013.